저자들은 국내 대형 자산운용사의 펀드매니저 출신답게 거시경제 전망에서 이야기를 풀어가며 가상자산의 존재 이유와 장기 전망을 진단하고 독자분들이 건전한 투자 관점을 확립할 수 있도록 도와준다. 특히 부동산, 주식, 금과 비교하여 비트코인의 특징을 쉽고 정확하게 전달하며, 펀드매니저 관점의 장기투자 전략을 알려줌으로써 독자들에게 현명한 가상자산 투자 방법을 제시한다. 그뿐만 아니라 블록체인 관련 최신 기술과 트렌드도 한눈에 살펴볼 수 있도록 일목요연하게 정리되어 있다. 따라서 《비트코인 10억 간다》는 새로운 산업의 변화에 현명하게 장기투자하고 싶은 이들, 가상자산을 재미있게 공부하고 싶은 이들, 현재 가상자산을 활발히 투자하고 있는 이들 모두에게 추천할 수 있는 책이다.

| **이용재**, 금융전문가, 미래에셋증권 디지털자산 TF 《넥스트 머니》, 《넥스트 파이낸스》 저자

디지털 금융의 역사는 전통 금융의 역사보다 빠르게 진행되고 있다. 2024년 1월, 미국은 비트코인 현물 ETF를 승인하였고, 이는 디지털 금융의 대중화가 더욱 가속화될 예정임을 의미한다. 전통 금융기관뿐만 아니라 글로벌 기업들은 적극적으로 디지털 자산 시장에 진출하고 있으며, 장기적으로 디지털 자산의 성장은 이제 시작하는 단계다. 기관의 시장 진입, 대중화, 제도의 정립과 안정성을 통해 디지털 자산 시장은 더욱 확장될 것이다. 이 책은 돈이란 무엇인지 짚어보고 비트코인을 부동산, 주식, 금과 비교하며 비트코인이 왜 가치를 가질 수 있는지에 관해 쉽게 설명하였다. 비트코인을 투자하기 위해 고민하고 있다면, 디지털 자산 시장을 이해하기 위한 도구로 이 책을 활용하길 바란다.

| **오상록**, 하이퍼리즘 대표

세상에는 비트코인을 바라보는 다양한 시각이 존재한다. 트레이딩을 위한 투기성 자산으로 보는 시각, 디지털 세상의 가치를 저장하는 디지털 금으로 보는 시각, 미래 세상의 기축 통화로 보는 시각 등이 대표적인 예시다. 이제 비트코인 시총은 약 1.8조 달러로 세계에서 8번째로 큰 자산이 되었다. 비트코인은 더는 무시하거나 부정할 수 있는 자산이 아니다. 오히려 변화와 혁신을 인정하고, 새로운 자산에 대해 본인만의 주관을 갖는 것이 중요하다. 이 책의 저자들은 주식, 부동산, 크립토 자산 등 다양한 자산군을 다뤄본 경험이 있다. 그 경험을 바탕으로 비트코인이라는 새로운 자산을 다양한 관점에서 분석해 주었다. 비트코인 투자에 앞서 정독하는 것을 추천한다.

| **오태완**, INF크립토랩 대표,《플랫폼 비즈니스의 미래》 저자

도널드 트럼프의 대통령 당선으로 미국을 중심으로 한 비트코인의 입지 변화가 가팔라지는 중이다. 그는 비트코인을 국가 전략적 자산으로 비축하겠다는 공약을 내놓은 바 있다. 이는 앞으로 비트코인을 비롯한 암호화폐 투자의 패러다임이 개인을 넘어서 기관과 국가로 확장되고 있음을 의미한다. 시장이 성숙해진 만큼 투자자 역시 과거와는 다른 관점으로 비트코인을 바라보아야 한다. 비트코인은 변동성이 큰 위험자산에 머무르지 않는다. 이 책은 거대한 변화의 흐름 속에서 비트코인 투자의 중심을 지킬 수 있는 방법을 깊이 있게 모색하고 있다. 다양한 자산군을 폭넓게 다루어 본 저자들은 거시경제와 규제, 지정학적 위기, 다른 자산과의 관계성 등을 제시하며 비트코인의 가치를 근본적으로 고민하고, 방향성을 찾을 수 있도록 길을 안내한다. 비트코인 투자를 준비하고 있다면 이 책을 꼭 정독하길 권한다.

| **박종한**, 박작가의 크립토연구소 대표(구독자 22.6만 명 | 가상자산 인플루언서)
《슈퍼코인 투자지도》,《10년 후 100배 오를 암호화폐에 투자하라》 저자

비트코인 10억 간다

—— 마지막 남은 인생 역전의 기회 ——

비트코인

표상록, 윤형환 지음

10억 간다

옐로우바스켓

우상향 중인 비트코인 가격, 이제 당신의 선택만이 남았다

먼저, 책의 제목에 대해서 간략히 언급하고자 한다. 논의 끝에 나온 가제는 '비트코인 10억 간다'였고, 너무 자극적인 제목이 아닌가 싶었다. 본 책의 초고를 썼을 시점은 비트코인 현물 ETF 출시 이후 가격이 9,000만 원을 형성할 때였으니 '이런 제목으로 인해 독자분들의 신뢰를 잃으면 어떻게 할지' 싶어 불안감이 극에 달했었다. 그렇지만 지금 '어 책 제목이 가제와 똑같네?'라고 생각할 것이고, 이렇게 책 제목은 다소 자극적이지만, 10억에 대한 나름의 소신이 있기 때문에 결국 '비트코인 10억 간다'로 결정하였다. 이 책을 읽어본다면 그에 대한 논리와 근거를 찾아 나갈 수 있을 것이다.

대부분의 사람은 투자하면서 겪는 어려움과 고민이 많을 것이다. 처음 주식이나 가상자산을 접하여 투자하는 사람들은 소위 '초심자의 행운'이 통하여 소액으로 높은 이익을 거두긴 하지만, 본인의 유의미한 자금을 동원하여 투자를 본격적으로 시작하다 보면 마이너스를 보는 경우가 대부분일 것이다. '아! 왜 내가 사면 떨어지고, 내가 팔면 오르는 것일까?' 이러한 고민을 하는 사람은 수없이 많다.

물론, 필자들도 투자를 처음 했던 시기에는 마찬가지였다. 다양한 방법으로 수업료를 지불하며 시장을 배웠고 더욱 겸손해졌다. 하지만 투자를 놓지 않았고 끊임없이 자산 시장을 공부하고, 참여하며, 도전하고, 살아남으며 본인만의 노하우를 만들었고, 결국은 유의미한 결론을 낼 수 있었다.

사회 초년생 당시, 적금이나 예금이라는 안전한 상품을 통해 자금을 모아 나갔지만 모은 자금에 비하여 너무나도 낮은 이자를 받으며 실망하였고, 투자해야겠다고 결심하여 주식 시장에 뛰어들었다. 운 좋게 1년 만에 수십 프로의 수익률을 거두며 '초심자의 행운'을 경험하기도 했다.

그렇지만 욕심에 취해서이거나 돈을 더 효율적으로 불리기 위하여 소위 '주식 리딩방'에 가입하였는데 돌아온 결과는 역시나 '욕심이 화근'이었다. 종목과 매수가, 매도가를 알려주는 곳도 있었고, 작전주를 추천해 주는 곳도 있었는데 처음에는 수익이 나는가 싶더니 시간이 갈수록 손해가 커졌다. 더욱 중요한 점은 그들이 정보를 제공해 주지 않으면 필자는 아무엇도 아니었다. 스스로 '고급 정보를 통해 투자한다'라고 생각했지만, 알고 보니 이는 투자가 아닌 투기였고, 그저 필자는 선택을 기다리는 꼭 두각시였다. 그래서 이러한 무지를 어떻게든 탈출해야겠다고 다짐했다.

가상자산 시장을 접하며 ICO, IEO, DEFI, NFT 등 다양한 경험을 해보았지만, 가상자산을 부정하게 악용하는 사람들을 통해 사기를 당해보기도 했고, 해킹을 당하며 소중한 자금을 잃어본 경험도 있다. 그뿐만 아니라, 가상자산의 선물 시장을 활용하여 수 배 또는 수십 배의 레버리지를 통해 투자(지금 돌이켜보면 투기이지만)하였는데 그 끝은 청산이었다. 소액으로 큰 수익을 맛보며 도파민에 취해 투자의 본질이라고 볼 수 있는 '리스크'를 고려하지 않았던 탓이다.

혹은, '달려가는 말에 올라타자'는 심경으로 가격이 이미 충분히 오른 종목이 더 갈 것이라는 기대감에 투자했다가 손실을 보기도 하였고(FOMO, Fear Of Missing Out), 혹은 악재 뉴스로 인해 더 떨어질 것 같아서 팔았더니 금방 반등하는 종목도 있었다(FUD, Fear Of Uncertainty Doubt).

이러한 경험을 통해 깨달은 점은 크게 4가지다. 첫째, 스스로 공부가 필요하다는 것 둘째, 욕심을 부리지 말 것 셋째, 성급하지 말 것 넷째, 도파민에 취하지 말 것이다. 바꿔 말하면, 투자하며 리스크를 관리하고 성공적인 결과를 도출하기 위해서는 '무지, 욕심, 성급함, 도파민을 주의해야 한다'는 것이다.

  필자의 투자 실패에 대한 경험담을 간략히 언급했으나, 아마도 대부분의 독자분들이 비슷한 경험을 한 번쯤은 해봤을 것이라고 생각한다. 따라서 투자에 임할 때는 급하지 않은 자금을 통해 중·장기적 관점으로 접근하고, 시장 사이클을 활용하여 리스크를 관리하며, 미래에 황금알이 될 새로운 자산에 관한 공부를 충분히 하면서 시장에 참여한다면, 더욱 성장하고 성숙해지면서 그 기회를 충분히 만끽할 수 있다고 본다.

  2024년 1월 10일, 미국 증권거래위원회SEC가 비트코인 현물 ETFExchaged Traded Fund, 상장지수펀드를 승인하면서 가상자산이 제도권으로 편입되었다. 이에, 비트코인은 기업 및 거대 금융기관에 대한 접근 편의성을 높이며 이목을 끌었고, 대중은 이에 따른 가격 변화에 대한 기대감이 큰 상태다. 이책이 출간될 즈음인 2024년 12월 이미 비트코인 가격은 1억 원을 돌파하였고, 이제는 2억 원에 대한 논의가 진행되고 있는 시기다. 불과 1년 전만하더라도 비트코인 가격은 5,000만 원을 형성하고 있었는데 말이다.

  비트코인의 탄생을 간단히 살펴보겠다. 2008년 서브프라임 모기지, 미국 연준의 양적완화, 리먼 브라더스 파산 및 글로벌 금융위기로 인해 중앙금융 시스템의 신뢰가 무너졌다. 이에 사토시 나카모토(집단 또는 개인)는 중앙은행의 통제 없이 전 세계에 분산된 수많은 컴퓨터에 의해 운영되는 개인 간 전자화폐 시스템Peer To Peer을 고안하였고, 이것이 비트코인의 시작이었다. 비트코인은 블록체인 기술이 적용된 최초의 가상자산이다. '비트'는 컴퓨터에서 사용하는 가장 작은 정보 단위이며, '코인'은 동전, 주화의 뜻을 가지고 있다.

단 몇 장으로 구성된 비트코인 백서를 읽어보면, 비트코인은 개인과 개인 간 전자화폐 시스템을 목적으로 만들어진 것이다. 그렇지만 참고로 필자는 기본적으로 비트코인이 달러를 대체할 '화폐'라기 보다는 새로운 '자

산으로서 지위를 얻고, 그에 대한 영향력을 세상에 끼칠 것이라 여긴다.

비트코인은 크게 6가지의 특징이 있다. 첫째, 탈중앙화다. 통제하는 중앙은행이 없이, 비트코인 참여자에 의해 생태계가 구성되고 시스템이 작동한다. 둘째, 오픈소스다. 누구나 비트코인 생태계에 참여할 수 있는 공개적인 P2P 방식으로 시스템이 구축되어 그 누구도 비트코인을 소유하거나 조종하지 않는다. 셋째, 블록체인이다. 1990년대 처음으로 제시된 블록체인 기술이 적용되어 있으며 누구나 비트코인을 사용하고 비트코인에 참여할 수 있다. 넷째, 디지털이다. 국가에 국한되지 않고 실시간으로 전 세계로 전송될 수 있는 특징을 보유하고 있다. 다섯째, 반감기다. 총 발행량 2,100만 개로 고정되며, 채산성은 4년마다 절반으로 감소하고 있다. 여섯째, 채굴이다. 컴퓨터 연산 능력을 활용하여 암호화된 문제를 풀고, 이에 대한 인센티브로 비트코인을 보상으로 받는다.

현재, 비트코인 현물 ETF의 등장으로 인하여 중앙화되고 있는 것이 아니냐는 의구심이 많다. 그렇지만 비트코인 현물 ETF로 인하여 유입된 자금이 과연 50% 이상을 차지할 것이냐를 따져보면 그것은 아니다. 비트코인을 보유하고 있는 주체가 조금 더 다양해진 것이다. 다시 말해 대중화로 인하여 투자 플레이어가 다양해진 것으로 이해하고, 그에 따라 대응하면 될 것이다.

간단히 서울시 부동산을 예로 들면, 국가라는 주체가 '2040 서울플랜'과 같은 도시기본계획을 수립하지만 시장 논리에 따라 개발업자인 시행사, 임대인, 임차인 등의 참여자에 의해 공간이 구성되고, 도시가 만들어지는 것이다. 부동산, 가상자산을 포함한 대부분의 시장은 누구 하나의 주체에 따라 형성, 조작되는 것이 아니라 시장 참여자 누구나 생태계에 기여할 수 있는 특성은 똑같다.

2008년 비트코인의 탄생 이후 2012년, 2016년, 2020년 세 번의 반감기가 있었고 그에 따른 가상자산 사이클은 명확했다고 볼 수 있다. 과거가 앞으로의 미래를 100% 확신한다고 할 순 없지만, 2024년 4월 반감기 이후 앞으로 어떻게 영향이 있을 것인지, 앞으로 비트코인 가격은 어디까지 갈 것인지 다양한 관점으로 쉽게 살펴보겠다.

그 과정에서 1비트가 과연 10억 원까지 갈 수 있을지, 혹은 이것이 단지 희망사항일 뿐인지에 관해 분석해 본다. 이를 통해, 비트코인이 과연 무엇인지에 대한 정의, 비트코인을 무엇이라 설명할 수 있는지에 대한 정리 혹은 설명 논리를 이해할 수 있으면 좋겠다. 더불어 국가, 금융기관, 글로벌 기업들이 왜 비트코인 산업에 진출하고 있는지, 비트코인이 세상에 끼치고 있는 영향력은 무엇인지 살펴보기 바란다. 마지막으로 이러한 영향력을 기반으로 리스크를 관리하며 수익을 창출하기 위해 가상자산 투자에 관해 어떤 자세를 가질 것인지도 고민해 보자.

저자 일동

CONTENTS

PART 1

먼저 알자, 매크로 경제

PART 2

쉽게 보자, 비트코인

PART 3

투자하자, 가상자산 시장과 투자 전략

PART 4

비트코인 가격 전망

먼저 알자, 매크로 경제

경제,
돈이란 무엇인가?

우리가 매일매일 생활하기 위해서는 여러 가지 물건이 필요하다. 의식주는 물론이고 스마트폰, 컴퓨터, 노트북, 책 등 다양한 물건이 말이다. 이렇게 모든 사람들이 살아가는데 필요한 물건을 재화라고 한다. 모든 사람들이 필요한 것을 언제 어디서나 다 가질 수 있진 못한다. 재화는 한정되어 있고, 그에 따른 비용을 지불해야 하기 때문이다.

재화는 한정적이지만 이를 가지고 싶어 하는 사람이 많은 경우 희소하다고 표현하는데, 본인이 지불하고자 하는 비용 내에서 어떤 것을 고를지늘 고민하게 된다. 국가 간 무역이 발생하는 이유도 희소성과 효율성 때문이라 볼 수 있다. 한 국가에서 모든 상품을 생산하기보다는 다른 국가에 비하여 상대적으로 유리한 상품을 생산하고, 이들 상품을 교역하는 것이 보다 합리적인 비교 우위의 원리가 작용하기 때문이다.

화폐가 활발하게 쓰이기 이전에는 사람들은 서로 물건을 교환하면서 경제생활을 하였다. 쌀농사를 짓는 사람과 옥수수 농사를 짓는 사람이 서로 농산물을 바꿔 먹었던 것이다. 이후에 생산활동이 분업화되면서 자신이 생산한 노동 생산물 중 잉여생산물을 타인이 생산한 잉여생산물과 교환하며 발전해 왔다.

하지만 누군가 생산한 잉여생산물을 아무도 원치 않아 교환이 이루어지지 않을 때 물물교환에 대한 불편함을 느꼈고, 덩치가 큰 물건은 교환하기에 운반마저 수월하지 않았다. 따라서 인류는 보다 효율적으로 교환하기 위한 수단을 찾았고, 그 교환의 기준이 될 만한 매개체가 필요했다. 이것이 지금 우리가 돈이라고 표현하는 '화폐의 탄생 배경'이다.

화폐는 물물교환에서 시작하였고, 기술, 산업과 더불어 문명이 발전하면서 금, 동전, 지폐, 카드, 전자화폐 등 다양한 모습의 형태로 발전해 왔다. 일반적으로 우수한 특성을 제공하는 화폐의 형태가 채택되면서 진화해왔고, 산업화 시대 이후 중앙 집중화의 시작을 맞이했다.

교환의 매개체이자 가치의 저장 수단으로 '금본위제'를 활용하며 화폐는 획기적으로 잘 활용되는 듯하였다. 그렇지만 무역수지 적자 시 금의 유출이 발생되며, 수출은 원하지만 수입은 원치 않는 현상이 발발하게 되었고, 그에 따라 주기적인 경기 침체가 따라왔다. 고정환율제로 인하여 금리 인하를 꺼리는 나라가 많았고 경제 위기에 대응하기 위한 방안이 적었다.

1971년 미국 러처드 닉슨Richard Nixon 대통령이 돈이 금을 대신하는 가치의 개념인 '금본위제'를 포기하며 건전한 돈에서 벗어나, '믿음과 신뢰'에 기반한 시스템, 즉 부채에 기반한 '법정화폐' 시스템으로 세상이 변화하였다. 현대의 화폐는 합의에 의한 것이 아니라, 법령에 의한 것이기 때문에 법정화폐라 부르게 되었다. 이후 미국 연방준비은행FED은 물가 안정과 최대 고용을 위한 권한을 부여받고, 국가를 운영하는데 돈이 부족하면 돈을 찍어내며 화폐 시스템을 이어가고 있다. 2008년 금융위기와 2020년 코로나19 위기로 인한 양적완화가 그 대표적인 예다.

2008년 글로벌 금융위기 당시, 법정화폐에 의한 현재 금융 시스템에 대한 불신으로 비트코인이 등장하였고 가상화폐, 암호화폐, 가상자산, 디지털 자산 등 다양한 이름으로 불리며 새로운 형태의 화폐가 등장하였다. 비트코인뿐만 아니라 이더리움, 리플 등의 알트코인, 국가에서 제어하는 CBDCCentral Bank Digital Currency 등 다양한 형태의 디지털 화폐 또는 자산으로 기술 발전이 시도될 것이며, 이들이 어떻게 진화할 것인지는 잘 지켜봐야 하겠다.

화폐는 기본적으로 3가지의 기능을 가진다.

첫째, 가치저장 수단이다. 지금 보관하고 있는 돈을 통해 미래에도 물건을 살 수 있는 구매력을 보관해 주는 역할을 한다. 과거에는 돈 대신 쌀을 보관해서 쌀을 통해 물건을 살 수도 있었지만, 쌀을 보관하기 위해서

시간에 따른 화폐의 진화

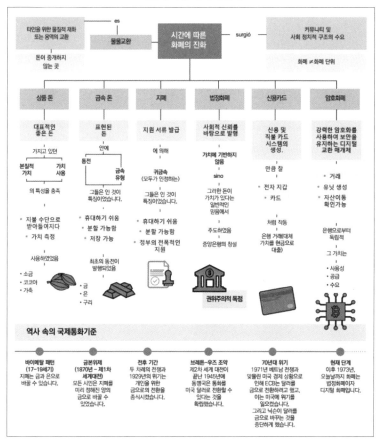

는 많은 공간이 필요하고 쌀의 가치가 떨어질 수 있다는 불편함이 있었다. 현재, 돈이라는 매개체를 통해 훨씬 간편하고 낮은 거래비용(수수료)으로 교환한다. 모두가 돈을 보유하고 있기에, 높은 유동성이 뒷받침되기

때문에 그 역할이 더욱 뛰어나다고 볼 수 있다.

둘째, 지급 수단 기능이다. 물건을 사는 사람이 파는 사람에게 주는 지불수단 역할을 한다. 화폐가 지급 수단으로 역할을 할 수 있는 이유는 국가가 보증하는 사회적 신뢰와 신용을 근거로 광범위한 수용성을 갖추었기 때문이다.

셋째, 가치 척도 기능이다. 쉽게 이야기하면 물건의 가치는 돈으로 표시된다는 뜻이다. 화폐는 경제 가치를 측정하고 재화와 서비스의 가격을 표기하는 기준이 되고, 회계 단위의 기능을 수행한다. 이 기능도 사회의 신뢰와 신용을 기반으로 한다.

결국, 화폐의 기능은 국가와 사회의 신뢰와 신용이 있기 때문이라고 할 수 있다. 그렇지만 국가가 있음에도 불구하고 화폐가 제대로 기능을 못하는 경우도 있다. 아르헨티나를 비롯한 반복적인 경제 위기로 어려움을 겪고 있는 남미 국가들이 그렇다. 아르헨티나는 화폐가치 폭락, 물가 대폭등으로 인하여 화폐가 기능을 제대로 하지 못하고 있다. 아르헨티나는 심각한 인플레이션 문제를 보유하고 있으며, 2022년 인플레이션율은 무려 72%에 다다른다. 아르헨티나는 화폐개혁을 위해 다양한 화폐정책과 환율정책을 구사했지만 화폐가 붕괴한 수준이다. 2023년 10월부터 2024년 4월까지 아르헨티나 중앙은행 기준금리는 무려 133%였고, 2024년 5월부터 현재까지 기준금리 40%를 유지하고 있다. 이런 상황 때문에 아르헨티나 사람들은 휴지 조각에 가까운 페소로 월급을 받으면 바로 암시장에 뛰

아르헨티나 중앙은행 기준금리

어가 달러, 금괴로 바꾸거나, 물건을 사서 보관한다.

아르헨티나의 경우 국가 화폐인 페소의 가치가 떨어졌고, 인플레이션 율이 너무 높기 때문에 이를 보완할 대체재가 필요하다. 이러한 화폐의 가치가 온전치 않은 국가 또는 개발도상국들은 화폐가치 하락을 방어해 야 하기 때문에 달러나 금괴도 좋지만 포트폴리오 차원에서 비트코인을 일부 편입한다면 유동성 측면에서 좋은 대안이 될 수 있다. 비트코인을 법정화폐로 도입한 엘살바도르, 온드라스 경제특구, 중앙아프리카 공화 국이 대표적인 예다.

그 중 엘살바도르는 2021년 6월 비트코인을 법정화폐에 포함시켰고,

2021년 9월 처음으로 비트코인 400개를 구매하였으며, 2022년 11월부터 매일 비트코인 1개씩 추가 매수함과 동시에 채굴을 통해 비트코인을 모아가고 있다. 2024년 11월 10일 기준, 엘살바도르는 비트코인 5,931개를 평균 단가 4만 5,223달러에 보유하고 있으며, 현재 시세로 약 4억 7,000만 달러에 달한다. 그 중 투자 원금은 2억 7,000만 달러, 평가 이익은 2억 달러로 투자 원금 대비 74% 이상의 수익을 보고 있다. 그들은 비트코인을 법정화폐로 포함한 이유를 크게 3가지로 설명하였다.

첫째, 송금 수수료를 줄일 수 있다. 둘째, 금융 서비스에 접근할 수 있는 사람이 30%에 불과하지만, 비트코인을 통해 금융 접근성을 높일 수 있다. 셋째, 기존 법정화폐가 달러인데 연준과 같은 중앙은행들이 코로나19 이후 양적완화를 시행하며 발생하는 부정적 영향을 완화시킬 수 있다.

2022년 비트코인 가격이 하락하며, 엘살바도르의 비트코인 도입에 대한 실험적 정신을 비판하는 곳들이 많았으나, 2024년 12월 현재에는 비트코인 도입을 통해 인플레이션 헤지^{Hedge}를 하였다. 투자 결과도 성공적이었다는 평가를 받으며 비트코인을 법정화폐로 선택한 세 번째 이유가 적절했음을 보여주고 있다.

비트코인,
가격은 어떻게 정해질까?

비트코인은 왜 가치가 있는 것일까? 비트코인은 화폐의 한 형태로 유용되거나 또는 가치를 저장하는 자산으로서 활용되기 때문에 가치가 있고 그에 따라 가격이 정해진다. 더불어 휴대성, 대체 가능성, 희소성, 가분성, 공인성 등 돈의 특징도 가진다. 법정화폐 또는 금과 은과 같은 물리적 특성에 의존하기보다 비트코인은 수학적 특성에 의존하고 있으며, 이러한 특징은 이용자들의 신뢰와 수용에 의하여 발생한다. 화폐의 기능이 국가와 사회의 신뢰와 신용에 근간한 것과 비슷한 이치다.

그렇다면 시장에서 가격은 어떻게 정해질까? 필요한 물건을 사기 위해서는 돈을 내야 한다. 이때 지불해야 하는 돈의 양을 '가격'이라고 한다. 재화 또는 서비스의 가격은 어떻게 정해질까? 가격은 수요와 공급에 의해

결정된다. 수요는 어떤 상품을 일정한 가격에 구입하고자 하는 것이고, 공급은 어떤 상품을 일정한 가격에 팔고자 하는 것이다. 수요와 공급이 맞아떨어지는 지점에서 가격이 정해진다. 비트코인도 마찬가지다.

수요와 공급곡선

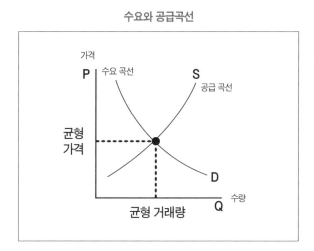

수요와 공급은 늘어나거나 줄어들 수도 있다. 수요가 늘어나면 가격은 오르게 되고 수요가 줄어들면 가격은 떨어지게 된다. 반대로 공급이 늘면 가격은 내리고 공급이 줄어들면 가격은 오르게 된다. 이처럼 상품의 가격은 수요와 공급에 큰 영향을 받는다.

비트코인은 블록체인을 활용한 시스템으로 총 공급량이 2,100만 개로 최대 발행량이 정해져 있고, 창시자인 사토시 나카모토本哲史 Satoshi Nakamoto

조차도 이를 바꾸지 못하도록 설계되어 있다. 약 4년마다 도래하는 반감기는 공급의 속도를 늦춰준다.

수요 측면에서는 가상자산 및 블록체인 관련 산업이 발전하고 성장함에 따라 비트코인의 대중화가 진행되어 개인뿐만 아니라 기업, 기관들이 참여하고 넘어서 국가까지 참여하게 된다면 수요량은 자연스럽게 증가할 것이다.

2024년 1월, 미국에서 비트코인 현물 ETF가 최초로 승인되면서 그 기대감이 더해진 것은 사실이다. 2024년 11월 현재, 미국의 비트코인 현물 ETF를 통해 1월부터 축적한 비트코인 물량만 벌써 107만 개에 달하며, 이는 전체 공급량 2,100만 개의 5.1%이다. 미국 금융기관이 비트코인에 투자하는 속도가 엄청 빠르다고 느껴지지만, 비트코인 현물 ETF가 대미를 장식하는 마지막 이벤트가 아닌 이제부터 기업과 금융기관들이 비트코인을 투자 상품으로 채택함과 동시에 대중화의 시작을 알리는 초석이 될 것이라 판단한다. 그뿐만 아니라 2024년 4월에 있었던 반감기 이벤트와 함께 이번 사이클의 긍정적인 신호탄이 될 것이다.

비트코인은 현재 화폐로써 금융에 활용되기보다는 '디지털 금' 형태의 자산 성격이 강하다. 2024년 12월 현재, 비트코인 시가총액(이하 '시총'으로 언급)이 2,523조 원 정도로 금액이 너무 커서 가격이 더 오르는데 시간이 많이 걸리지 않겠냐고 보는 식견이 많다. 그렇지만 시총 2,000억 달러(280조 원) 이상 초대형 주식의 성장 속도를 분석했을 때, 시총이 아무리

마켓캡 분류

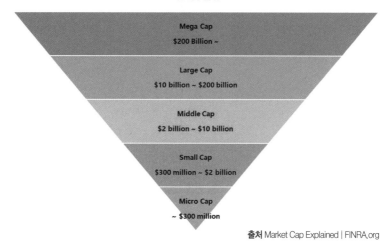

출처 Market Cap Explained | FINRA.org

크더라도 가격이 오르는 기간이 그렇게 오래 걸리는 않았고, 오히려 시총이 클수록 더 빨리 성장하기도 하였다.

위의 그래프는 아마존, 비트코인, 구글, 테슬라, 애플, 페이스북, 마이크로소프트가 시총이 2배씩 성장하는데 걸린 시간을 비교한 자료다. 세로축은 시총 수준을 나타내며, 상위 레벨로 갈수록 하위 레벨의 2배씩 커진다. 가로축은 시총이 2배로 성장하는데 걸린 시간(년)을 말한다. 대부분 시총이 성장하는데 소요되는 시간은 5년 이내이며, 시총이 너무 크기 때문에 성장하는 속도가 늦어진다는 상관관계는 거의 없다고 볼 수 있다.

따라서 비트코인이 시총이 크기 때문에 성장이 더딜 것이라는 논리가 성립되지 않는다. 2024년 12월 현재, 비트코인은 글로벌 시총 기준 세계 7위

초대형 주식과 비트코인 시총이 2배 성장하는데 소요되는 시간

를 기록하고 있다. 1위는 금으로 독보적인 시총을 기록하고 있는데 그 금액은 2경 4,000조 원이며, 2위부터 9위까지 시총을 모두 합쳐야 비슷한 수준이다. 이후 2위 엔비디아 4,868조 원, 3위 애플 4,748조 원, 4위 마이크로소프트 4,307조 원, 5위 아마존 2,973조 원, 6위 구글 2,954조 원, 7위 비트코인 2,523조 원이다. 순위는 지속적으로 등락이 있지만 톱 15 순위는 거의 유사하게 자리를 지키고 있다.

만약 비트코인의 시총이 금 시총의 절반까지 상승한다고 가정해 보자.

금의 시총이 현재 2경 4,000조 원이고 그 절반은 1경 2,000조 원이다. 현재 비트코인의 시총이 2,523조 원이니 약 4.75배 더 상승할 여력이 생긴다. 2024년 12월 현재, 비트코인 하나의 가격이 대략 1.27억 원이니 4.75배 더 상승한다면 가격은 약 6억 원이 될 것이다. 만약 비트코인이 글로벌 자산 세계 1위 금의 시총을 추월한다면? 이는 상상에 맡기겠다.

글로벌 시총 순위

Rank		Name	Symbol	Market Cap
1		Gold	GOLD	$17.24 T
2		NVIDIA	NVDA	$3.482 T
3		Apple	AAPL	$3.401 T
4		Microsoft	MSFT	$3.085 T
5		Amazon	AMZN	$2.13 T
6		Alphabet (Google)	GOOG	$2.116 T
^1 7		Bitcoin	BTC	$1.807 T
˅1 8		Saudi Aramco	2222.SR	$1.804 T
9		Vanguard Total Stock Market ETF	VTI	$1.733 T
10		Silver	SILVER	$1.707 T
11		Meta Platforms (Facebook)	META	$1.398 T
12		Vanguard S&P 500 ETF	VOO	$1.278 T
^1 13		Tesla	TSLA	$1.029 T
˅1 14		Berkshire Hathaway	BRK-B	$1.013 T
15		TSMC	TSM	$964.66 B

출처 nfinite Market Cap, https://www.8marketcap.com/

한 해 동안의 매크로 경제 시장 점검

투자하기에 앞서, 거시경제를 지켜보는 것은 매우 중요하다. 뉴스에 나온 이벤트나 변수들, 분석된 과거 지표, 미래에 대한 예측 내용이 투자 자산 시장에 영향을 끼칠 수 있기 때문이다. 2024년, 거시경제에 영향을 줄 수 있는 이벤트를 점검해 보면 간단히 2가지다.

첫째, 금리 인상 사이클 마무리이다. 미국은 2022년 3월부터 금리 인상 사이클을 시작하였고, 연준은 2023년 7월까지 11차례에 걸쳐 총 525bp^Basis Point 금리 인상을 단행하였다. 기준금리를 0.25%에서 5.50% 까지 올렸고, 이에 따라 투자 시장 분위기는 매우 어두웠다. 2024년 연초 FOMC 점도표에 따르면 2024~2025년 기간 동안에는 100bp 이상 금리를 하향할 것으로 예상했으며, 중립금리 수준은 2.5% 수준을 예측하고 있다. 미국 기준금리를 CME그룹CME Group의 FED 금리 변동 예상 사이트Fed Watch Tool를 참고하면 좋을 것이다.

2024년 1월 FOMC 금리 예측

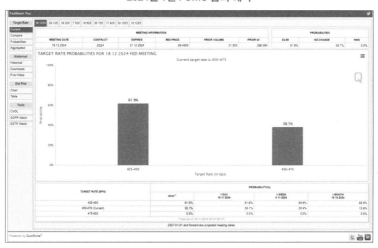

출처 "https://www.cmegroup.com/markets/interest-rates/cme-fedwatch-tool.html" CME FedWatch Tool - CME Group

실제 미국 중앙은행 기준금리는 2024년 9월 50bp 인하했고, 11월 25bp 인하하며 현재 금리는 4.75%를 유지하고 있다. 2024년 12월, 마지막 FOMC에서 기준금리를 25bp 인하할 확률이 61.9%로 추정되고 있다. 이러한 기준금리 인하 기조는 2025년에도 지속적으로 유지할 것으로 보이나, 물가, 고용 등 경제 현황에 따라 변동될 수 있으니 꾸준히 시장을 관찰하는 습관을 가져야 한다.

둘째, 주요국 선거 일정이다. 러시아, 멕시코, 대만, 핀란드 등 대통령 선거가 상반기에 진행되었고, 한국, 인도네시아, 대만, 멕시코 등 총선도 있었다. 특히 11월에는 미국 대통령 선거가 진행되며 경제 시장에도 다양한 영향을 끼쳤다. 경쟁과 지지율의 변화과정에서 재정 수급 부담 완화, 강경파를 중심으로 공화당의 정부 견제 본격화가 있었으나 결과는 대통령, 상원, 하원을 모두 공화당이 차지하는 '레드 스위프' 공화당의 압승으

2024년 주요국 선거 일정

2024 주요국 선거 일정	일정		국가	선거
	1월	7일	방글라데시	총선
		13일	대만	총통 선거
	2월	8일	파키스탄	총선
		14일	인도네시아	대선·총선
	3월	1일	이란	총선
		15~17일	러시아	대선
		31일	우크라이나	대선(계엄령으로 불확실)
	4월	10일	한국	총선
		4~5월	인도	총선
	5~8월(예정)		남아프리카공화국	총선
	6월	2일	멕시코	대선
		6~9일	유럽연합	의회 선거
	9월(예정)		일본	자민당 총재 선거
	11월	5일	미국	대선

출처 "https://www.news1.kr/photos/view/?6408182" [그래픽] 2024 주요국 선거일정 - 뉴스1 (news1.kr)

로 끝이 났다. 선거라는 이벤트 자체만 놓고 보면 금융시장에 미치는 영향이 제한적일 수 있다. 그렇지만 다수 국가에서 전쟁이 치러지고 있는 지정학적 요인과 맞물려 있는 현 시점에서 정치 변화에 따른 경제 정책의 변화가 적극적으로 있을 것으로 예상되기 때문에 이에 대한 대응이 필요할 수 있다.

특히 도널드 트럼프Donald John Trump 후보와 카멀라 해리스Kamala Harris 후보간의 대통령 당선 확률에 따라 비트코인 시장이 움직였는데, 카멀라 해리스 후보의 당선 확률이 올라가면 비트코인 가격은 하락하였고, 도널드

〈도널드 트럼프 대통령의 비트코인 컨퍼런스 주요 발언〉

1 미국 정부가 보유하고 있는 21만 개의 비트코인을 매도하지 않고 보유할 것

2 대통령이 된 첫날 가상자산 시장에 우호적이지 않은 증권거래위원회 의장 게리 겐슬러Gary Gensler를 해임할 것

3 비트코인을 미국 국가 전략 자산으로 비축할 것

4 중앙은행이 주도하는 CBDC 개발을 중단할 것

5 비트코인은 자유와 주권을 상징

6 비트코인 관련 산업은 미국이 선점해야 함(중국을 견제)

7 비트코인은 언젠가 금의 시총을 뛰어 넘을 것

8 비트코인은 100년 전의 철강산업과 같으며, 잔여 비트코인은 미국에서 채굴되어야 함

트럼프 후보의 당선 확률이 올라가면 비트코인 가격이 상승하는 경향이 있었다.

그 이유는 비트코인 및 가상자산에 대한 공약을 통해서 알 수 있는데, 당초 민주당 카멀라 해리스 후보는 가상자산에 대하여 친화적인 태도가 아니었다. 그렇지만 시간이 흘러가면서 가상자산에 대한 친화적인 태도로 입장을 선회했지만 구체적인 공약이 있었던 것이 아니었다.

반면에 도널드 트럼프 대통령 당선인은 후보 시절이던 2024년 7월에 〈비트코인 컨퍼런스 2024〉에 참여하며 가상자산에 대한 구체적인 공약을 내놓았고, 그에 따라 당선 확률에 따른 비트코인 가격의 변동이 었었던 것으로 해석된다.

다음은 2024년 부동산 시장을 살펴보겠다. 비트코인 투자를 위해 공부를 하려고 하는데, 부동산 시장을 왜 보나 싶겠지만 투자시장은 각 자산마다 사이클이 있기 때문에 다양한 자산군을 살펴보는 것이 습관이 되면 좋다.

예를 들어 주식시장이 좋지 않은 경우 채권시장이 좋고, 그럴 경우에는 주식 하나만 투자하기 보다 다양한 자산에 투자하여 포트폴리오를 구축하면 분산 효과가 있기 때문이다. 앙드레 코스톨라니 André Kostolany의 달걀 모형 이론을 참고하면 좋을 것이다. 해당 이론이 완벽하게 맞는다고 할 수는 없지만, 투자하면서 시장 사이클을 이해하고 분석하는 데 도움이 될 수 있기 때문이다.

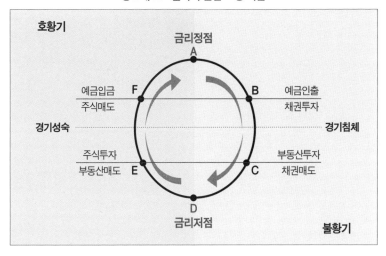

앙드레 코스톨라니 달걀 모형 이론

호황기

금리정점
A

예금입금 F
주식매도

B 예금인출
채권투자

경기성숙 ······························· 경기침체

주식투자
부동산매도 E

C 부동산투자
채권매도

D
금리저점

불황기

    첫째, 고금리 여건이 지속되며 부채 부담은 지속될 것으로 예상된다. 현재 국내 시중금리는 완만하게 하락세를 보이고 있지만 여전히 과거 대비 높은 수준이다. 금리 인하기에 돌입하기 전까지는 기업 및 가계 부동산 대출 이자 상환 부담이 지속되지 않을까 싶다.

    둘째, 매수자와 매도자의 줄다리기가 지속될 것으로 보인다. 매도자는 금리 인하 기대감, 공급 부족 우려 등에 따른 가격 상승 기대감을 고려하고 있으며, 매수자는 부채 부담 지속, 고점 대비 아직 가격 조정폭이 10~20%에 불과하여 가격이 더 떨어지지 않을까 하는 기대감이 있기 때문이다.

    셋째, 수요의 쏠림 현상으로 양극화 심화가 예상된다. 가격 재하락에 대한 불안감으로 우량 자산을 선호하는 심리가 작용하고 있으며, 지방보다는 수도권, 수도권보다는 서울로 쏠림 현상이 나타날 것이다.

이는 주택에 대한 거래뿐만 아니라 기관이 주도하는 오피스 및 상업용 부동산에도 비슷한 양상을 보일 것이다. 2022년 11월 강원도 레고랜드 사태, 2023년 4월 GS건설 인천 검단 아파트 부실시공 사태, 2023년 12월 태영건설 워크아웃 사태 등으로 인하여 2024년 전반적으로 국내 부동산 및 건설 시장, PF 시장은 어려움을 겪고 있다. 따라서 앞으로도 이를 헤쳐 나가기 위한 다양한 시도가 있을 것이다.

그렇지만 오히려 부동산 시장이 좋지 않기 때문에 이를 대체할 수 있는 타 자산군에 자금이 쏠릴 가능성도 생기고, 투자자 입장에서 어느 정도 제도권에 안착한 비트코인도 고려할 수 있지 않을까 예상한다.

2024년 2월, 비트멕스 공동창업자인 아서 헤이즈Arthur Hayes도 미국 상업용 부동산 위기에 따라 유동성이 공급되어 비트코인 가격이 상승할 것이라고 언급하였다. 그는 부동산 가격 하락으로 인하여 경제가 어려워지기 전에 미국 연준FED이 유동성을 풀 것이고, 투자시장과 비트코인과 같은 위험 자산의 가격 상승을 불러올 수 있는 잠재적인 촉매가 될 것이라고 주장하였다.

금리와 비트코인의
상관관계

일반적으로 기준금리가 오르면 기업들의 수익 할인율이 증가하고, 안전 자산인 예금금리가 오르며, 위험자산으로 인식되는 가상자산의 매력이 감소하게 된다. 이러한 이유 때문에 금리 인상이 언급될 때마다 가상자산 시장의 변동성이 커지곤 하며, 금리가 인하될 경우 위험자산의 매력도는 증가하게 된다. 따라서 상관관계를 명확히 정의할 순 없지만, 일반적으로 금리와 비트코인 가격은 반비례하는 경향이 있음을 알 수 있다.

그렇지만 2023년 11월, 유명 가상자산 애널리스트 벤자민 코웬Benjamin Cowen은 미국 금리 인하 시작 후 S&P500, 비트코인 모두 하락 추세에 접어들 것이라며 부정적 의견을 피력했다.

블록체인

애널리스트 "美 금리 인하 시작하면 비트코인 하락할 수 있어"

양소희 기자 2023.11.08 (수) 22:47

벤자민 코웬 유명 암호화폐 애널리스트가 미국 기준 금리 인하가 비트코인 가격 하락을 유발할 수 있다고 7일(현지시간) 밝혔다.

약 79만명의 구독자를 보유한 그는 자신의 유튜브 채널 영상을 통해 미국 연방준비제도(Fed·연준)의 금리 인하가 강세장에 불을 지필 것이라는 분석에 반박했다.

그는 "지금까지 역사적 패턴을 살펴보면 비트코인과 S&P500지수는 모두 금리가 인하될 때마다 하락 추세로 돌아섰다"며 2016년에서 2018년 사이 자료를 반박자료로 제시했다.

출처 https://www.tokenpost.kr/article-151753

이를 판단하기 위해서 기준금리 인하 이유를 우선 먼저 봐야 한다. 일반적으로 경기가 침체된다면 경기를 활성화시키기 위해 금리를 인하하거나, 높은 물가가 어느 정도 하락하여 물가가 어느 정도 안정적인 궤도로 진입한 경우 금리를 낮춘다.

조금 더 이야기하면, 현시점에서 경기 침체 속도와 물가하락 속도 중 어느 것이 빠를지에 따라 금리 인하에 대한 원인이 바뀌고 그에 따른 투자 대응 전략도 바뀐다. 장기적으로 경제 성장이 더디고, 실업률이 상승 추세를 보이기 때문에 경기 침체로 인하여 금리 인하를 하는 것인지, 혹은 물가가 안정적으로 하락하여 시장에 긍정적인 영향을 주어 금리 인하를 하는지는 데이터와 각종 지표를 통해 잘 살펴봐야 한다.

2023년 11월을 돌이켜보자. 미국의 2023년 4분기 GDP 성장률은 3.3%로 경제 침체와는 다른 결을 보이며 긍정적인 수치를 보였고, 핵심PCE 물가지수도 2%대로 진입하여 안정세를 보였다. 성장은 강하고, 물가는 안정되고 있으니 긍정적인 환경이라고 여겨진다. 그렇지만 미국을 제외한 여타 주요국 성장률이 부진한 흐름을 보이고 있어서, 미국 경제만 홀로 좋은 상태라고 해도 과언이 아니다.

하지만 언제 어떻게 미래의 환경이 바뀔지 모르고, 현재는 실물 경제의 성장을 위축시킬 수 있는 고금리 시대이기 때문에 미연준의 금리 인하에 대한 고민은 여전히 많다. 성장은 크게 훼손시키지 않으면서 물가가 다시 올라오는 것을 막아야 하는 역설적인 상황이다. 금리를 인하하면 성장을 지킬 수 있지만, 물가가 다시금 올라갈 수 있기 때문이다. 그렇지만 2024년을 돌이켜 봤을 때 시장은 어느 정도 안정기에 접어들었기 때문에 9월에는 50bp, 11월에는 25bp 인하하였음을 확인할 수 있다.

앞으로의 금리 인하는 데이터를 지켜봐야겠지만, 개인적으로 경기 침체 속도가 물가하락 속도보다 빠르기 때문에 발생할 수 있다고 여겨진다. 경제가 점점 더 어려워지기 때문에 이를 지키기 위하여 금리를 인하하는 것으로 해석하는 것이다. 금리 인하를 시작하면 경기가 좋지 않기 때문에, 단기적으로 위험 자산의 가격이 하락할 수 있다. 하지만 시간이 지나 금리가 충분히 인하되고 금리 안정기에 접어든다면 위험 자산의 매력도는 더욱 높아질 것이다. 그러므로 금리 인하를 시작하면 벤자민 코웬이 언급한 대로 단기적으로는 가격 하락 가능성이 높겠고, 중·장기적으로는 가격 상승 가능성이 높아질 것으로 판단한다.

추가로 2013년 1월부터 2024년 11월까지 12년간 97번의 FOMC정기 회의 동안 금리 인상은 20회 있었고, 인상 당일 비트코인 가격 상승 9회, 하락 11회가 있었다. 금리 인하는 6회 있었고, 인하 당일 비트코인 가격

2013~2024년, FOMC 정기회의와 비트코인 가격

FOMC 정기회의	합계	비트코인 가격	
		상승	하락
+25bp 베이비스텝	14회	6회	8회
+50bp 빅스텝	2회	0회	2회
+75bp 자이언트스텝	4회	3회	1회
금리 인하	6회	4회	2회

출처 개인 리서치, 작성

2013~2024년, FOMC 정기회의록 발표와 비트코인 가격

정기회의록 발표	합계	비트코인 가격	
		상승	하락
+25bp 베이비스텝	14회	7회	7회
+50bp 빅스텝	2회	0회	2회
+75bp 자이언트스텝	4회	2회	2회
금리 인하	6회	0회	6회

출처 개인 리서치, 작성

비트코인 10억 간다

상승 4회, 하락 2회가 있었다.

FOMC 정기회의록 발표 당일에는 금리 인상 20회 중 비트코인 가격 상승 9회, 하락 11회, 금리 인하 6회 중 오히려 비트코인 가격하락만 6회 있었다. 데이터를 보면 알 수 있듯이 금리 인상이 꼭 가격의 하락을 동반하는 것만이 아니며, 금리 인하가 꼭 가격 상승을 동반하는 것만은 아니었다.

일반적으로 금리와 비트코인 가격은 반비례하는 경향이 있지만, 꼭 그렇지만은 않다. 과거 금리 인상기였던 2004~2007년, 2016~2018년을 보았을 때, 금리가 동결된 이후 약 6개월~1년 후 금리를 인하하기 시작하였다. 미 연준이 비슷한 기조를 보인다면 2023년 7월부터 금리 동결이 시작되었기 때문에 빠르면 2024년 상반기, 늦으면 2024년 금리 인하에 들어갈 것으로 예상하였는데, 실제 금리 동결 14개월 후인 2024년 9월부터 금리를 인하하기 시작하였다. 금리는 투자 시장에도 큰 영향을 미치지만, 우리가 살고 있는 주거 생활, 물가에도 큰 영향을 끼치고 있기 때문에 투자를 하지 않더라도 잘 지켜보는 습관을 가지면 좋을 것이다.

금리 인상기와 인하기에 따른 가상자산 투자 방법

금리는 거시 경제에 엄청난 영향력을 주는 요인 중 하나다. 금리 인상기 또는 금리 인하기에 따른 투자 방법에 대하여 살펴보겠다. 기준금리가 낮은 시기에는 유동성이 풍부하여 돈의 힘으로 상승세가 이어졌기 때문에 저금리에 자금을 조달하여 위험자산에 투자하여 수익을 거두는 방법이 각광받곤 하였다.

하지만 금리가 높아지는 구간에서는 자금 조달이 부담스러워지고, 투자 및 수요가 줄기 때문에 가격이 내려가기 마련이다. 따라서 금리 인상기에는 전통자산이나 안전자산에 대한 관심이 자연스럽게 높아진다. 그러므로 금리 인상기에는 투자를 신중하게 해야 하며, 다음의 5가지 사항을 고려하여 투자하면 좋다.

1 안전자산 비중을 고려한 포트폴리오 구성하기

2 단타보다는 긴 호흡으로 투자하여 시장에 살아남기

3 대출을 통한 투자는 지양하여 안정성 찾기

4 다음 사이클을 위한 기간 분할을 통한 중·장기 매수하기

5 투자 수익도 중요하지만, 리스크 관리에 더 힘쓰기

지금부터는 금리 인하기에 대하여 살펴보겠다. 앞서 이야기했듯이, 금리가 낮은 시기에는 유동성이 풍부하여 투자 시장이 좋다. 따라서 금리 인하기에 접어들면 시장이 무조건 좋을 것이라고 생각하기 마련이다.

그렇지만 앞서 이야기했듯이 금리 인하가 시작되는 시기에는 오히려 조심해야 한다. 기준 금리를 인하하는 이유가 경기 침체 때문이라면, 경제 자체가 어려운 상황이므로 투자 시장이 좋을 수가 없기 때문이다. 그러므로 경제와 관련된 데이터, 지표, 그러한 값이 나오는 원인과 결과를 분석하며 투자에 대응하여야 한다.

과거 사례를 봤을 때, 금리 인하기에는 경기 침체가 발생하는 일이 많았다. 금리 인하라는 요인이 경기 침체라는 결과를 무조건 가져오는 것은 아니지만, 과거 금리 동결 이후 시차를 두고 경기 침체가 발생하였다. 그리고 미 연준은 경기 침체를 근거로 금리를 가파르게 인하하는 모습을 보여주었다. '과거의 상황이 100% 반복된다'고는 말할 수 없지만, 세계 경제를 주도하는 미국이 어떠한 스탠스Stance, 입장,자세를 보여주는지 잘 살펴보

금리 동결 이후 금리 인하 패턴

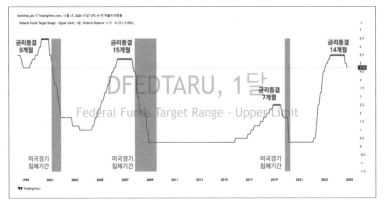

며 투자에 대응해야 한다.

다시 정리하면, 금리 인하를 시작하는 초기에는 경기 침체 가능성으로 인해 위험자산을 회피하고자 하는 심리가 발생하고, 이로 인해 위험자산으로 분류되는 가상자산 가격이 하락할 가능성이 있다. 그렇지만 시간이 지나 금리가 충분히 인하되고, 시장도 이를 반영하여 안정기에 접어든다면 위험자산의 매력도가 더욱 높아질 것이며, 그에 따른 상승장이 다시 시작될 것이라 여겨진다. 이러한 사이클을 잘 고려하여 리스크를 관리하며 투자한다면 좋은 결과가 있을 것으로 예상한다.

일반적으로 기준금리가 오르면 기업들의 수익 할인율이 증가하고, 안전자산인 예금금리가 오르며, 위험자산으로 인식되는 가상자산의 매력이 감소하게 된다. 이러한 이유 때문에 금리 인상이 언급될 때마다 가상자산 시장의 변동성이 커지곤 하며, 금리가 인하될 경우 위험자산의 매력도는 증가하게 된다. 따라서 상관관계를 명확히 정의할 순 없지만, 일반적으로 금리와 비트코인 가격은 반비례하는 경향이 있음을 알 수 있다.

PART 2

쉽게 보자,
비트코인

다시보자,
비트코인

정의

비트코인은 새로운 지불시스템이자 완전한 디지털 화폐를 가능하게 하는 합의 네트워크다. 중앙 권력이나 중간 상인 없이 사용자에 의해 작동하는 최초의 분권화된 P2P 지불망으로 작업증명POW, Proof Of Work 합의 알고리즘을 사용하고 있다.

등장배경

1990년대 IT 버블, 2008년 글로벌 금융위기 등으로 기존 중앙집중식 금융시스템에 대한 비판과 회의가 커지는 시대적 배경 속에서 사토시 나카모토(개인 또는 집단)는 은행과 같은 중앙기구가 없더라도 네트워크 참여자들에 의해 P2P 방식으로 스스로 작동하는 새로운 화폐 시스템을 구상하면서 세상에 등장하였다. 2008년 10월 31일 비트코인 백서를 작성하였고, 2009년 1월 3일 비트코인 제네시스 블록Genesis Block을 생성하였다. 이후 비트코인에서 활용된 블록체인 기술이 전파되며 다양한 가상자산이 등장하게 되었다.

특징

프롤로그에서 6가지의 특성을 언급했지만 추가적으로 신뢰성, 환가성, 익명성에 대한 특징도 보유하고 있다. 먼저 신뢰성이다. 발행 후부터 현재까지 관리 주체가 정해져 있지 않음에도 큰 문제 없이 시스템이 작동하고 있으며, 위변조 및 이중 지급의 위험이 없다.

다음으로 환가성이다. 언제든지 시장 가격으로 거래가 가능하다는 특징이 있다. 마지막으로 익명성이다. 거래자의 개인정보를 제시하지 않고, 거래자가 생성한 주소를 통해 주고받기 때문에 익명성이 강화되어 있다. 다만 주소의 생성자를 파악하면 거래자를 찾을 수 있기 때문에 완전한 익명성이 보장되는 것은 아니다.

통제

아무도 비트코인 네트워크를 독점적으로 소유하지 않는다. 비트코인은 전 세계의 모든 비트코인 사용자에 의해 통제된다. 개발자들이 소프트웨어를 개선하고는 있지만, 모든 사용자가 사용할 소프트웨어와 버전을 자유롭게 선택할 수 있기 때문에, 개발자들이 비트코인 프로토콜에 대한 변화를 강요할 수는 없다. 모든 사용자가 서로 호환되는 상태를 유지하려면, 동일한 규칙을 준수하는 소프트웨어를 사용해야 한다. 비트코인은 모든 사용자가 완전히 합의해야만 제대로 작동할 수 있으며, 따라서 모든 사용자와 개발자에게는 이러한 합의를 지켜 낼만한 강력한 동기가 있다.

작동 구조

사람들이 은행을 신뢰하고 사용하는 이유는 은행이 사람들의 거래 내역인 회계원장을 잘 관리하기 때문이다. (물론 다른 이유도 있지만) 그러므로 우리는 은행에 수수료를 지불한다. 비트코인은 네트워크에 연결된 사람들이 은행의 역할을 대신하여 거래내역을 관리한다. 이를 '분산원장'이라고 하는데, 이는 블록체인을 활용하여 공동으로 회계원장을 관리한다고 이해하면 된다. 이 회계원장에는 지금까지 처리된 모든 거래가 포함되어 있어서, 사용자의 컴퓨터에서 모든 거래의 유효성을 검사할 수 있다. 각각의 거래는 모든 사용자가 자신의 비트코인 주소에서 비트코인을 보내는 것을 완전히 제어할 수 있도록 하며, 보내는 주소에 상응하는 디지털 서명으로 보호된다. 누구나 특수 하드웨어의 연산력을 활용하여 거래를 처리하고 이 서비스에 대한 대가를 비트코인으로 얻을 수 있고, 이를 '채굴'이라고 표현한다.

채굴

채굴은 거래를 처리하고, 네트워크를 안전하게 보호하며 시스템 내에 있는 모두의 일체 동기화를 유지하기 위해 컴퓨터의 연산 능력을 사용하는 과정이다. 모든 국가에서 활동하는 채굴자들은 그 누구도 네트워크에 대한 지배권을 가지고 있지 않도록 하여 완전히 분권화가 되도록 설계되었다는 점이 특징이다. 이 과정은 금 채굴에 빗대어 채굴이라고 불리는데, 이는 이 과정이 새로운 비트코인을 발행하는 일시적인 메커니즘이기도 하기 때문이다. 하지만 금 채굴과는 다르게 비트코인 채굴은 안전한 지불 네트워크를 운영하기 위해 필요한 유용한 서비스에 대한 대가로 보상을 제공한다. 채굴은 2140년, 마지막 비트코인이 발행된 후에도 필요할 것이다.

채굴 원리

약 10분 동안 쌓인 거래 기록들은 서로 검증 후 하나의 블록에 묶이게 된다. 이때 정해진 함수 문제를 가장 먼저 푼 채굴자에게 새로운 블록을 등록할 수 있는 권한이 부여되고, 비트코인을 보상받게 된다. 비트코인 블록은 10분에 한 개씩 생기는 셈이며, 채굴자가 많아질수록, 즉 컴퓨터의 연산량Hashrate이 높을수록 함수 문제가 빨리 풀리므로, 시스템에서는 자동적으로 난이도가 조절된다. 연산량의 상승은 난이도를 상승하게 만들고 채굴자 개개인의 보상이 줄며, 비트코인 가격이 상승하게 된다.

채굴량에는 반감기라는 것이 존재하는데 당초 블록 1개를 만들면 1BTC를 보상받았다면, 반감기 이후 블록 1개를 만들면 0.5BTC를 보상으로 받게 된다. 시간이 지날수록 채굴자는 많아지는데 반감기로 인해 보상은 더욱 줄어들게 된다. 과거 비트코인 해시레이트Hashrate는 꾸준히 증가했고, 그에 따라 가격도 꾸준히 올라갔다. 해시레이트가 증가하는 것은 그만큼 비트코인 네트워크의 신뢰성과 보안이 더욱 강력해진다는 것을 의미하기도 한다.

비트코인을 바라보는
다양한 관점

지금부터는 비트코인을 바라보는 다양한 관점을 소개하겠다. 어떤 것이 가장 이해하기 쉽고 직관적이며 마음에 와닿을지는 모르겠지만, 남들이 고민했던 흔적을 같이 살펴보면 좋을 것이다.

첫째, 개인 간 전자화폐 시스템이다. 이는 비트코인 백서에도 명기되어 있듯이 비트코인의 가장 근본적인 시작을 이야기하며 화폐적 개념이 강하다. 중앙은행, 정부와 같은 중앙화된 주체의 통제 혹은 신뢰에 대한 보증없이 개인간 탈중앙화 시스템을 통해 신뢰를 형성하고 직접 거래하여 수수료를 절감해 효율성을 극대화할 수 있는 시스템인 것이다.

둘째, 블록체인｜분산원장기술｜암호화에 기반을 둔 디지털 금융자산이다. 국제자금세탁 방지기구FATF, 국제통화기금IMF, 유럽은행감독청EBA,

유럽중앙은행ECB 등 국제기관들이 정의하는 가상자산을 총칭하면 자산적 개념이 강하다. 아직까지는 개념 정도의 수준만 어느 정도 정립되어 있지만, 글로벌 혹은 국내에서도 법적 규제화, 제도화 단계가 명확하게 진행되지 않았기 때문에 큰 개념만 살펴볼 수 있을 것 같다.

셋째, 비트코인은 잉여 전력의 금융화이다. 비트코인을 채굴하기 위해 많은 전기가 쓰이고 낭비된다는 논쟁이 진행 중이지만, 당초 에너지 산업은 수요와 공급의 불균형으로 실제 생산되는 에너지의 3분의 1 가까이가 버려지고 있다. 비트코인 채굴은 하나의 산업으로 자리 잡고 전력망에 새로운 수요를 창출하는 효과를 낸다. 특히 국가 중 부탄이야말로 대표적인 사례로 볼 수 있는데, 부탄은 히말라야 산맥에 위치하여 풍부한 강과 높은 지형을 활용해 전체 전력 생산의 99%를 수력발전으로 하고 있다. 주요 외화 수입원 중 하나는 수력발전을 활용하여 잉여전력을 인도에 수출하는 것이었는데, 수력발전을 통해 비트코인을 채굴하여 국가재정 확보 전략도 펼치고 있다. 2024년 11월 기준, 부탄의 비트코인 보유량은 1.3만 개로 세계 4위이다. 참고로 1위는 미국 21만 개, 2위 중국 19만 개, 3위 영국 6.1만 개, 5위 엘살바도르 5,800개이다.

넷째, 새로운 산업 흐름의 상징적 징표이다. 블록체인Block Chain, 빅데이터Big Data, 사물인터넷IoT, 가상현실VR, 인공지능AI, 무인운송수단UV, UAV 등의 기술이 4차 산업혁명의 흐름을 보여준다. 발 빠른 기업에서는 기존의 비즈니스에 블록체인 기술을 직접 접목하는 시도 중에 있으며, 글로벌 빅

비트코인 10억 간다

테크들이 주도하는 시대 흐름에서 비트코인을 빼놓을 수 없다. 비슷하지만 다르고, 다르지만 비슷한 형태로 상호 발전 및 진화하고 있으며, 비트코인은 Web 3.0 시대를 대표하는 상징물 중 하나라는 것이다. 전 세계 시총 15위 내 엔비디아, 애플, 마이크로소프트, 아마존, 구글, 메타, 테슬라 등의 글로벌 기업들이 4차 산업혁명의 선봉장에 있으며 그 가운데 비트코인이 포함되어 있음을 보면 유추할 수 있다.

다섯째, 무분별한 양적완화를 보완하기 위한 미국이 만들어 낸 유동성 창구다. 과거 글로벌 위기가 닥칠 때마다, 전 세계 통화 패권을 가진 미국 주도로 무분별한 양적완화를 추진하였다. 이를 통해 달러의 가치가 저하되고 있는데, 달러 가치를 보존하기 위해 유동성이 잠길 창구가 필요했고, 미국은 비트코인을 포함한 가상자산을 제도권으로 편입하며 자연스럽게 달러의 가치를 지키고 있는 것이다. 이는 도널드 트럼프 대통령의 공약을 보면 유추할 수 있는데, 그는 중앙은행이 통제하는 CBDC 대신 민간 주도 달러 기반 스테이블 코인을 통해 달러 지배력을 확대하겠다고 하였다. 왜냐하면 대표적인 스테이블 코인 USDT의 테더, USDC의 서클이 미국채의 주요 고객이기 때문이다. 세계 최대 스테이블 코인 테더는 2024년 11월 기준, 1,197억 달러 규모의 미국채를 보유하고 있는데 이는 독일이 보유한 미국채 보유량을 초과하는 수준이다. 이를 통해 미국은 스테이블 코인 산업을 안정적으로 육성시키며 앞으로는 가상자산 산업의 성장을 확보하며, 뒤로는 달러의 가치를 지킬 수 있다는 장점을 보유하고 있다.

여섯째, 미국 국토안보부NSA가 만들어낸 작품이다. 비트코인의 창시자 '사토시 나카모토'를 한자로 쓰면 中本哲史중본철사가 된다. 중국의 中, 일본의 本, 철학의 哲, 역사의 史를 합성한 형태인데, 개발자들이 자신들의 명분을 드러내기 위해 전략적으로 동양문화권의 인문학적 가치를 빗대어 비트코인을 개발했다는 가설이다. 중본이 미국의 중앙정보국CIA라고 주장하는 이들도 있다. 이러한 주장은 다소 음모론에 가까울 수 있는데 그 배경에 로스차일드 가문, 록펠러 가문, 모건 가문 등이 있는 것 아닌지에 대한 의문은 끊임없이 제기되고 있다. 이러한 음모론이 제기되는 이유는 가문의 비밀스러운 이미지 때문인데, 비밀스럽게 세상을 지배하고 있을 순 있으나 아무도 그 사실을 확인할 방도는 없기에 재미로만 알고 있으면 좋을 것 같다.

이처럼 비트코인은 때로는 화폐로, 때로는 자산으로 다양한 형태로 인식되고 거래되며 투자되고 있다. 명확하게 '비트코인은 무엇이다'라고 정의하긴 어렵지만, 다양한 형태의 의견이 나오고 있다는 것은 다양한 이해관계자들이 그만큼 관심을 가지고 있다는 뜻이기도 하다. 비트코인에 대하여 다양한 의견이 있으며 가치가 있느냐 없느냐 등 진행 중인 논쟁도 많다.

진행 중인 논쟁 중 일부 비트코인 맥시멀리스트들은 '비트코인의 대중화로 인하여 달러가 망할 것'이라는 의견을 많이 낸다. 전 세계적으로 일어나고 있는 러시아-우크라이나 전쟁, 이스라엘-팔레스타인 전쟁, 이스라

엘-이란 공격, 중국의 패권전쟁 등 다양한 이슈로 달러의 불안을 야기하곤 있다. 그에 따라 달러에 대한 불안감이 고조되고 있는 것은 사실이다.

그렇지만 아직 달러는 세계 기축통화의 자리를 유지하고 있다. 경제학자 스티븐 젠Stephen Jen은 '달러 스마일 이론'을 주장하였는데, 일반적으로 경기 회복기에 달러 가치가 상승하지만, 경기 침체기에도 불안한 투자자들이 미국의 경제 성장율과 관계없이 안전자산인 달러를 매수하여 달러 가치가 상승하는 현상을 말한다.

달러 스마일 커브

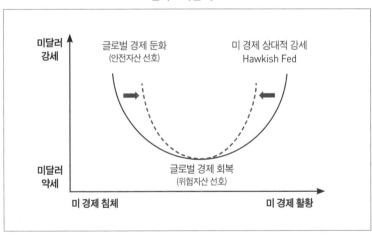

이렇듯 달러는 경제가 좋더라도 혹은 경제가 둔화되더라도 그 수요는 지속적으로 유지되는 경향이 있다. 따라서 비트코인의 강세가 탈달러화

현상을 부추길 것으로 여겨지진 않는다.

한편 미국 전통 금융권이 비트코인을 제도권화 하려는 큰 움직임이 있다. 이러한 비트코인 친화적인 움직임은 오히려 미국 달러가 흘러갈 수 있는 유동성 창구를 하나 더 만들었다고 여겨진다. 비트코인 현물 ETF가 최근 가상자산 시장의 가장 큰 이슈였지만, 비트코인 선물 ETF는 2021년부터 이미 시장에 출시되어 거래되고 있었으며, 시타델, 찰스슈왑 등 금융사가 EDXM이라는 가상자산 거래소를 만들어서 운영하고 있다. 미국 금융회사들은 경제적으로 주요 역할을 하지만 정치적으로도 많이 엮여 있다. 몇 년 전까지만 해도 '비트코인을 금지한다', '비트코인은 사기다'라고 주장하는 미국 금융기관들이 많았다. 그렇지만 이렇게 제도권으로 비트코인을 편입시키며, 달러가 흘러갈 창구를 만들어준다면 달러의 가치는 더욱 지속될 수 있을 것이다. 그뿐만 아니라 세계 화폐 시장은 미국의 패권 아래 페트로 달러 체제 변동 환율제에 의해 돌아가고 있기 때문에 미국은 이 흐름을 잃지 않기 위해 다양한 고민을 하고 있을 것이라 여겨진다. 다음 장에서는 비트코인의 장·단점에 대하여 간략히 살펴보겠다.

비트코인
장·단점

다음은 비트코인의 장·단점을 설명하고자 한다. 이뿐만 아니라 다양한 의견과 견해가 있지만 이것이 전문가로서 바라보는 가장 기본적인 견해 이므로 참고하기 바란다.

비트코인의 장점

첫째, 지불의 자유다. 세계 언제 어디서나 즉시 어떤 금액이라도 보내고 받는 것이 가능하다. 은행과 같은 공휴일도 없고, 국경도 없으며, 한도 제한도 없다. 비트코인은 사용자들이 그들의 돈에 대한 모든 통제권을 갖게 한다.

둘째, 낮은 수수료이다. 비트코인 결제는 무료이거나 아주 적은 소액 거래에만 수수료가 붙는다. 사용자들은 더 빠르게 처리하기 위해 거래에 수수료를 포함시킬 수도 있다. 그렇지만 우리가 현재 사용하는 신용카드 네트워크 수수료보다 훨씬 더 낮은 가격에 사용할 수 있는 장점이 있다.

셋째, 신뢰성이다. 블록체인의 원리를 활용하여 은행과 같이 검증을 하는 제3자 없이 거래할 수 있다. 제3자에게 줄 수수료가 없기 때문에, 이 수수료 금액은 네트워크 참여자들에게 돌아가게 된다.

넷째, 보안과 통제이다. 비트코인 사용자들은 자신들의 거래에 대한 완전한 통제권을 갖는다. 다른 결제 시스템처럼 중개인들이 은근슬쩍 요금을 물리거나, 고객이 원치 않은 요금을 물릴 수 없다. 비트코인 거래는 개인정보를 공개하지 않아도 된다. 이는 신분 도용에 대한 강한 보안이 되며 비트코인 사용자들은 자신들의 돈을 보호할 수 있다.

다섯째, 투명성 및 중립성이다. 비트코인 통화 공급에 관련된 모든 정보는 블록체인에서 누구나 손쉽게 실시간으로 확인하고 사용할 수 있다. 어떤 개인이나 단체도 비트코인 프로토콜을 통제하거나 조작할 수 없는데, 이는 그것이 암호화되어 안전하기 때문이다.

비트코인의 단점

첫째, 아직까지 낮은 대중의 수용도이다. 최근 비트코인 ETF 출시와 함께 많이 이슈가 되곤 있지만, 많은 사람들이 아직 비트코인에 대해 잘 모르며, 실제로 구매한 경우는 많지 않다. 개인, 기업, 국가 등 다양한 주체가 점점 비트코인을 받아들이고 있으나, 아직은 더 큰 성장이 필요하다.

둘째, 높은 변동성이다. 현재 유통되고 있는 비트코인의 시총과 비트코인을 사용하는 사업의 수가 아직 많지 않다. 그러므로 비교적 작은 이벤트, 거래 등이 비트코인 가격에 큰 영향을 미친다. 이론적으로는 비트코인 기술과 시장이 성숙함에 따라 가격의 변동성이 줄어들어야 한다. 과연 앞으로 대중화가 더욱 진행됨에 따라 어떻게 변할지 지켜보면 좋을 것 같다.

셋째, 속도가 획기적으로 빠르진 않다. 실생활에서 비트코인을 결제 용도로 쓰기에는 아직은 느리고, 빠르게 처리하기 위해서는 수수료가 발생한다. 비트코인 이외에 다양한 코인들이 이를 해결하기 위하여 새로운 서비스를 시도하지만 아직 시장은 성장이 더 필요하다.

넷째, 비트코인을 바라보는 부정적인 시각이 많다. 비트코인을 채굴하는데 실제로 그렇게 많은 전력량이 쓰이지 않지만, 환경에 친화적이지 않다는 프레임이 존재하고 사기로 바라보는 시각도 있다. 대중화와 ESG[1]를 추구하는 사회에서 비트코인은 아직까지 넘어야 할 산이 많다.

다섯째, 비트코인을 부정적으로 활용하는 주체가 많다. 비트코인 자체의 문제는 아니지만, 비트코인을 통해 사업을 하는 거래소, 재단 등 내부

---

1 **ESG**: ESG는 환경Environmental,사회Social,지배구조Governance 영문 첫 글자를 조합한 단어로, 기업 경영에서 지속가능성을 달성하기 위한 3가지 핵심 요소

운영자들의 도덕적 해이, 해커들의 해킹, 비트코인의 익명성을 활용한 마약, 무기 등 불법거래, 돈 세탁, 탈세 등에 활용된다는 점이다.

사실 이러한 부정적 측면 또는 단점 때문에 발생하는 수요도 있고, 지하경제는 무시할 수 없는 측면이긴 하다. 국제통화기금IMF에서 2018년 발간한 '전 세계 지하경제 보고서'에 의하면 조사대상 158개국 중 지하경제 비중은 평균 27.78%에 달하기 때문이다.

어찌되었든 비트코인에 대한 장점과 단점은 존재한다. 그렇지만 과거부터 화폐의 역사를 보았을 때 그 당시에는 유용하게 쓰이지만 세상이 발전하고 변화함에 따라 화폐의 형태도 변했다. 즉, 모든 시대에 통틀어 완벽한 화폐는 없고, 사회, 문화 혹은 환경에 따라 화폐는 지속적인 혁신을 통해 발전하고 있다.

비트코인이 현재는 괜찮아 보이는 화폐 또는 자산으로 보이지만 먼 미래에는 또 바뀔 수 있다. 그렇지만 현시점에서 팩트만 보자면 개인들의 비트코인 투자, 기업들의 비트코인 결제 시스템 도입, 금융기관의 비트코인 현물 ETF의 출시, 국가들의 비트코인 법정화폐 도입 등 비트코인의 수요는 더욱 증가하고 있음에 틀림없다. 더불어 제도권 내로 편입되며 당분간 그 성장성은 더욱 커질 것이고, 성장과 동시에 가격 상승이 뒤따를 것으로 판단된다.

비트코인 vs. 부동산

부동산은 사람들이 실제 거주하는 의식주 중 하나이자 금액 규모가 크기 때문에 가장 큰 투자처이기도 하다. 잘 알겠지만 환금성의 측면에서 비트코인, 주식, 부동산 순으로 속도가 다르다. 비트코인은 거래소에서 매도 후 당일 즉시 현금화가 가능하지만, 주식은 D+3일, 부동산은 적합한 매수인이 나타날 때까지 기다려야 한다. 따라서 전반적인 경제 시장이 약세장 **Bear Market**으로 가는 경우 환금성이 좋은 비트코인이 가장 먼저 하락하고, 다음으로 주식, 그다음은 부동산 순으로 가는 경향이 있다.

그러므로 부동산 시장이 비트코인 시장보다 거시경제의 영향을 더 받기보다는 투자 자산으로 모두 비슷한 영향을 받지만, 그 속도가 다르기 때문에 일부 왜곡된 효과가 있을 수 있다. 부동산과 비교했을 때 비트코인의 장점에는 전 세계 어디서나 인터넷이 되는 곳에서 접근과 거래가 가능하다는 점이 있고, 단점에는 부동산과 달리 실물로 보이지 않는다는 점이 있다.

현재, 부동산 시장은 금리 상승과 공사비 상승 등으로 원가가 올라 공급자 측면에서도 매우 어려운 시기이며, 수분양자 및 수요자 측면에서도 이자를 감당하면서 선뜻 매수하기 힘든 상황이다.

부동산 시장은 일반적으로 미국의 경제학자 앨빈 하비 한센Alvin Harvey Hansen이 주장한 한센 주기인 17년을 사이클로 부동산과 건설 시장의 상승과 하락이 보이는 경향이 있다. 비트코인은 반감기 영향으로 4년 주기의 사이클을 나타낸다. 이는 '부동산 사이클 1번을 겪는 동안 비트코인은 4번의 사이클을 겪는다'는 뜻이기도 하다. 그러므로 사이클이 짧은 비트코인을 활용하여 투자 수익률을 극대화할 수 있다고 판단한다.

실제 대한민국 부동산 사이클과 비트코인 사이클을 분석하면 다음 페이지의 이미지와 같다. 대한민국 부동산은 2008년 금융위기 이후 2014년까지 약 5년간 하락하였고, 이후 2021년까지 약 8년간 상승했으며, 이후 2024년 현재 2년간 하락 사이클을 진행 중에 있다.

비트코인은 2009년 세상에 나온 이후 2013년까지 59개월 상승, 2015년까지 21개월 하락, 2017년까지 29개월 상승, 2018년까지 12개월 하락, 2021년까지 35개월 상승, 2022년까지 12개월 하락 후 2024년 11월 현재 23개월 동안 상승 사이클에 있다.

부동산 및 비트코인 사이클 비교

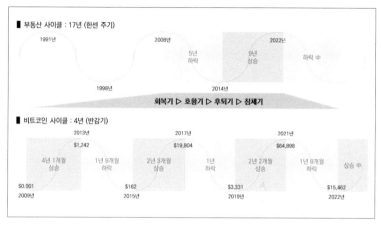

출처 개인작성, 트레이딩뷰, 부동산통계시스템, FRED

　'부동산은 17년, 비트코인은 4년'이라는 사이클이 100% 맞지는 않지만 비트코인의 사이클이 부동산 대비 훨씬 짧음을 알 수 있다. 따라서 부동산과 비트코인의 현재 사이클을 고려했을 때 현재는 비트코인에 투자하는 것이 더 나은 투자 안이라고 판단된다. 그리고 반감기 이후 가상자산을 통해 수익을 거둔 후 부동산 시장이 좀 더 안정화될 때쯤 부동산에 투자하는 방안이 좋을 것이라 여겨진다.

부동산	비교 기준	비트코인 (가상자산)
부동성, 영속성, 부증성, 개별성, 인접성 등 하드웨어적 특성	물리적 특성	소프트웨어 특성
부동성으로 인하여 지역적으로 거래 가능	거래 지역	전 세계 어디서나 거래 가능
다양한 가치 평가 가능 예시) 원가방식, 수익방식, 비교방식	가치평가 (Valuation)	다양한 시도 중이나 아직 어려움 예시) 메트칼프법칙, 화폐수량설, 원가접근법 등 [출처] 코빗리서치, 2022년 1월 26일
약 17년 (한센 주기)	사이클	약 4년 (반감기 영향)
어려움 (적합한 매수자 필요)	거래 용이성	쉬움 (거래소, OTC 등)

비트코인 vs. 주식

비트코인 투자를 꺼려 하는 주변 사람들을 보면 흔히 주식과 비트코인을 비교한다. 주식은 매출, 이익, 기업가치 등 실체가 있고 정성적 또는 정량적으로 평가할 수 있지만, 비트코인은 그렇지 않다고 주장하는 경우가 많다. 그 이유는 주식 거래 플랫폼과 유사하게 MTS[2], HTS[3]라는 시스템에서 가상자산이 거래되고 있기 때문이다. 주식을 투자해 본 사람이라면 차트, 호가, 시세, 거래량, 각종 지표 등 주문하는 프로세스가 가상자산과 거의 동일함을 느낄 것이다.

---

2 **MTS:** Mobile Trading System (태블릿, 스마트폰 등을 통해 금융상품을 거래하는 시스템, 플랫폼)
3 **HTS:** Home Trading System (PC를 통해 금융상품을 거래하는 시스템, 플랫폼)

투자 시퀀스는 가상자산과 주식이 비슷하고, 주식시장의 IPO, 가상자산 시장의 ICO 또는 IEO 등 유사한 부분이 많은 것도 사실이다.

주식	비교 기준	비트코인 (가상자산)
MTS, HTS	거래 플랫폼	MTS, HTS
다양한 가치 평가 가능 예시) PER, EV/EBITDA, DCF 등	가치평가 (Valuation)	다양한 시도 중이나 아직 어려움 예시) 메트칼프법칙, 화폐수량설, 원가접근법 등 [출처] 코빗리서치, 2022.01.26.
IPO (Initial Public Offering)	거래소 상장 형태	IEO | ICO (Initial Exchange Offering) (Initial Coin Offering)
1600년 동인도회사	최초 등장	2008년 비트코인
09시~15시 30분 주말, 공휴일 휴장	거래시간	24시간, 365일 휴장 없음
있음 (국내 ±30%)	상한/하한	없음
신뢰기관 필요 (은행, 금융기관)	중개인	불필요 (네트워크 시스템)
특정 사용자만 접근 가능 (은행원, 본인)	투명성	모든 사용자가 거래기록 확인 가능
검열기관에 의해 특정 기록 삭제 가능	검열방지	하나의 주체가 특정기록 삭제 불가
중앙화	운영주체	탈 중앙화

가치평가를 하는 수단 경우에도 주식은 PER, PBR, EV/EBITDA, DCF 등 다양한 방법론이 이미 있으며, 이를 활용하여 주식투자를 하는 이들도 많다. 그렇지만 비트코인을 포함한 가상자산은 아직까지 명확한 가치평가 방법이 없기 때문에 이에 대한 의견도 분분하다. 하지만 다양한 형태로 가치평가가 시도되고 있으며 시간이 지남에 따라 방법론이 개선되고 발전할 것이라고 예상한다.

전통 금융을 대표하는 주식의 역사를 살펴보면 다음과 같다. 1600년 영국에서 설립된 동인도회사를 통해 개념이 정립되었고, 이후 주식회사 형태로 발전했으며, 주식을 거래하기 위한 플랫폼으로 1801년 런던증권거래소가 등장하였다. 거래소 등장 이후 다양한 전문 금융기관이 출범하였으며 1869년 골드만삭스가 생겼다. 그리고 대중적 투자 상품이라 볼 수 있는 ETF는 1993년 뱅가드ETF가 최초였다. 주식은 개념이 최초로 정립된 1600년부터 대중적 투자 상품인 ETF로 발전하기까지 약 400년의 시간이 걸렸다.

디지털 금융을 대표하는 비트코인의 역사를 살펴보면 2008년 사토시 나카모토에 의해 개념이 정립되었고, 이후 가상자산을 거래하기 위한 플랫폼으로 2012년 코인베이스가 등장하였다. 거래소 등장 이후 다양한 가상자산 전문 투자사가 출범했으며, 2013년 그레이스케일이 생겼다. 대중적 투자 상품이라 볼 수 있는 미국의 비트코인 현물 ETF는 2024년 1월 승인되었다. 이렇듯 비트코인 개념이 최초로 정립된 2008년부터 대중적 투자 상품인 ETF 승인까지 약 15년의 시간이 걸렸다.

이처럼 디지털금융은 전통 금융 보다 빠른 속도로 발전, 성장이 진행 중이며, 앞으로 전통 금융기관의 진출, 국가의 법정화폐의 도입 등 다양한 형태로 그 속도는 더욱 가속화될 것이다.

이뿐만 아니라 거래시간, 상한 | 하한, 중개인 여부, 투명성, 검열 방지, 운영주체 등의 관점에서 주식과 비트코인은 다양한 차이가 있다. 차이가 틀린 것은 아니고, 다른 것이기 때문에 그 다름을 충분히 공부하여 이해하고 투자에 대응한다면 투자 포트폴리오 차원에서 새로운 자산으로 비트코인을 받아들이게 될 것이다.

비트코인 vs. 금

다음은 비트코인과 금을 비교해 보겠다. 비트코인은 디지털 금으로도 불리고 있다. 이에 비트코인이 금을 이길 수도 있지 않을까 하는 논쟁도 많이 있다. 희소성의 측면에서 금과 비슷한 점은 많다. 골드만삭스는 2015년 보고서를 통해 20년 안에 금이 고갈될 수 있다는 전망을 예측했다. 비트코인은 최대 공급량이 2,100만 개로 제한되어 있으며, 2140년에 마지막 비트코인이 채굴될 것으로 전망된다.

금은 내구성이 좋아 외형이 변하지 않고, 비트코인은 기록과 위변조가 불가하여 해킹이 불가하다는 불변성이 유사하다. 그렇지만 금은 실물로 볼 수 있는 하드웨어 측면의 성격이 있지만, 비트코인은 눈에 보이지 않는 시스템의 형태로 소프트웨어 측면이라는 차이가 있다.

가분성의 측면에서 금은 금화, 골드바 등 다양한 형태로 가공 가능하며, 비트코인은 1억 분의 1개 단위인 1사토시가 최소 단위로 소수점 단위로 거래 가능하다는 점이 유사하다. 대체 가능성의 측면에서 금은 이미 수천 년 동안 가치를 인정받았기에 대체 가능성이 없으며, 비트코인 역시 대체 가능하다는 가능성이 낮지만, 아직 15년 밖에 역사가 지나지 않았기 때문에 다소 불완전하다는 차이는 있다.

보관방법, 결제수단 용이성, 보관 및 운반비용의 기준으로 비교할 경우 비트코인은 금을 능가한다. 금은 실물로 존재하기 때문에 양이 많아질

금	비교 기준	비트코인
수십 년 뒤 고갈 예상	희소성	최대 공급량 2,100만 개
외형 변하지 않음	불변성	기록, 위변조, 해킹 불가
하드웨어	형태	소프트웨어
금화, 골드바 등 가공 가능	가분성	소수점 단위 거래 가능
금고	보관방법	디지털 지갑
없음 (수천 년 동안 가치 인정)	대체 가능성	모호함 (역사 짧아서 불완전함)
용이하지 않음 (종이화폐, 카드 등에 뒤처짐)	결제수단 용이성	용이함 (디지털 결제 가능)
높음 (물리적 한계)	보관 및 운반 비용	낮음 (온라인으로 보관, 운반 가능)

수록 물리적인 장소가 더 필요하고, 비트코인은 디지털 지갑 또는 거래소 형태에서 보관이 가능하기 때문에 매우 간편하다. 결제수단 측면에서 금은 무게, 부피, 거래 용이성의 측면에서 종이화폐 및 카드 보다 못하지만, 비트코인은 종이화폐 및 카드와 유사하거나 더 쉬울 수 있다. 따라서 보관 및 운반비용 측면에서도 비트코인이 금보다 좋다.

최근 미국에서 비트코인 현물 ETF가 승인되며 화두가 되고 있다. 이에 금 ETF와 비교해 보겠다. 금 ETF의 경우 2004년 11월, 스테이트 스트리트 State Street라는 미국의 자산운용사에서 출시한 상품으로 출시 이후 8년간 금 가격이 4~5배 상승하였다.

2024년 11월 현재, 금의 시총은 현재 2경 4,000조 원, 글로벌 1등 주식 엔비디아의 시총은 4,868조 원, 비트코인의 시총은 2,523조 원 규모다. 시총 기준으로 금이 비트코인보다 약 9.5배 크다. 만약 비트코인 목표 시총을 금의 절반 1경 2,000조 원으로 설정한다면, 2024년 12월 현재 비트코인 가격 1.27억 원 보다 4.75배가 상승하여, 비트코인 한 개의 가격은 무려 6억 원이 될 것이다. 지금 기준으로는 엄청나게 높은 가격이라는 생각이 들지만, 과거 비트코인 데이터를 보았을 때 중·장기적으로 충분히 가능할 수 있다고 여겨진다.

투자자 입장에서 비트코인 현물 ETF가 중요한 이유는 가상자산의 안정성과 편의성이 동시에 높아진다는 점이 있다. 디지털 골드로 불리는 비트코인도 금 ETF 등장과 유사하게 거대 금융기관의 매수세가 충분히 발생할 것이라고 판단된다.

비트코인 맥시멀리스트들 사이에서는 비트코인을 중심으로 화폐가 개혁될 것이라는 비트코인 본위제에 대한 이야기도 많이 나오고 있다. 비트코인 본위제를 다루기 이전에 금 본위제에 관해 잠깐 살펴보겠다.

금 본위제는 통화 가치를 순금의 중량에 연계하는 화폐 제도로 미국은 1944년, 브레턴우즈 협정을 통해 금 1온스 당 35달러로 정하는 금본위제를 시작했다. 그렇지만 미국이 베트남 전쟁이 길어지자 자금을 마련하기 위해 협정을 체결한 국가들 몰래 보유한 금 보다 더 많은 달러를 발행하였고, 다른 국가들은 이를 알아채어 미국에 브레턴우즈 협정에서 탈퇴할 것과 동시에 태환兌換.지폐를 정화正貨와 바꿈을 요청했다. 하지만 1971년, 리처드 닉슨Richard Nixon 미국 대통령은 일방적으로 태환을 거부했고 오히려 미국 정부는 모든 수입품의 관세를 10% 인상하는 보호무역을 실시했다. 이른바 닉슨소크다. 금본위제의 신뢰가 무너진 상황에서 화폐는 종이 쪼가리 신세를 면치 못했고, 전 세계의 물가와 원유 가격이 급등하였다. 1971년, 이렇게 브레턴우즈 체제가 막을 내리며 금본위제 기반의 금융 시스템은 막을 내렸다.

이후 세계 화폐 시장은 변동 환율제와 법정화폐 시스템으로 유지되었고, 미국 패권 아래 페트로 달러 체제로 50년 이상의 역사를 이어왔다. 법정화폐 시스템 이전의 금 본위제의 장점이자 단점을 꼽자면 전 세계 경제 규모가 금의 공급량에 맞추어 거의 강제로 고정되어 버린다는 점이었다.

통화의 공급량을 금으로 통제할 수 있기에 무분별한 화폐 발행을 막을 수 있고 인플레이션과 같은 문제점을 막을 수 있지만, 비상시 필요한 만큼의 화폐를 발행할 수 없다는 단점이 있었다. 현재 페트로 달러 아래 법정화폐 시스템 또한 다양한 장·단점을 보유하고 있다. 아르헨티나는 무역 정책의 실패와 환전을 규제하는 정책으로 물가가 치솟았고, 베네수엘라는 중앙정부의 외환 거래 통제로 인하여 급격한 인플레이션이 발생하였다. 이와 같이 금본위제를 폐지하고 국가 기반의 법정화폐 시스템을 통해 무분별한 화폐를 발행하고 제어한다면 인플레이션의 위기에서 벗어나지 못할 수 있다. 따라서 화폐는 금과 같이 내재적 가치도 중요하지만, 그것보다 근본적으로 이 화폐는 가치있다는 신뢰가 근간이 되어야 한다.

다시 비트코인 본위제에 관해 이야기해 보겠다. 비트코인 본위제의 기본적인 개념은 국가가 보유한 비트코인만큼 화폐를 발행한다는 것이고, 비트코인 본위제에 대한 다음과 같은 고민이 필요하게 된다.

첫째, 금과 같이 제한된 비트코인 공급량에 의하여 경제 규모가 고정될 수 있다.

둘째, 자국 통화정책 결정권이 사라지는 국가가 이를 수용할 리 없다.

셋째, 금본위제 당시 미국이 그러했던 것처럼 보유한 비트코인 보다 더 많은 화폐를 발행할 가능성이 있다.

넷째, 비트코인 가격 변동성으로 인하여, 화폐의 기능인 가치저장 수단 역할이 어렵다.

다섯째, 비트코인을 결제 수단으로 사용하는 가게는 매우 한정적이며, 비트코인도 법정화폐로 가격이 책정되기 때문에 의미가 있다는 점이다.

이 외에도 비트코인 본위제를 도입한다면 다양한 고민이 필요하게 된다. 비트코인 본위제를 마무리하기에 앞서 비트코인 본위제는 비트코

글로벌 톱 15 시총

Rank		Name	Symbol	Market Cap	Price	24h	7d	Price (30 days)
☆	1	Gold	GOLD	$15.711 T	$2,339	-0.20%	-0.17%	
☆	2	Microsoft	MSFT	$3.327 T	$447.67	-0.47%	0.30%	
☆	3	Apple	AAPL	$3.191 T	$208.14	0.31%	-2.87%	
☆	4	NVIDIA	NVDA	$2.905 T	$118.11	-6.68%	-12.89%	
☆	5	Alphabet (Google)	GOOG	$2.223 T	$180.79	0.29%	2.46%	
☆	6	Amazon	AMZN	$1.931 T	$185.57	-1.86%	1.51%	
☆	7	Saudi Aramco	2222.SR	$1.806 T	$7.46	-0.36%	1.08%	
☆	8	Silver	SILVER	$1.664 T	$29.57	0.15%	-0.05%	
☆	9	Meta Platforms (Facebook)	META	$1.265 T	$498.91	0.83%	-0.12%	
☆	10	Bitcoin	BTC	$1.209 T	$61,363	-2.16%	-6.66%	
☆	^1 11	Berkshire Hathaway	BRK-B	$893.95 B	$413.98	1.06%	1.48%	
☆	∨1 12	TSMC	TSM	$870.31 B	$167.81	-3.54%	-6.61%	
☆	13	Eli Lilly	LLY	$845.96 B	$890.11	0.70%	-0.15%	
☆	14	Broadcom	AVGO	$741.15 B	$1,592	-3.70%	-11.67%	
☆	15	Novo Nordisk	NVO	$633.67 B	$142.28	0.23%	1.05%	

출처 Infinite Market Cap (8marketcap.com)

인 BTC를 통화의 기준으로 세상을 바라본다는 관점이다. 비트코인과 금을 비교한 재미있는 데이터가 있다. 2011년 기준, 금 1온스는 약 1,700달러, 비트코인은 13달러로 금 1온스로 비트코인 129개를 가질 수 있었다. 2024년 7월 현재, 금 1온스는 약 2,300달러, 비트코인은 61,000달러로 금 1온스로 비트코인 0.04개를 가질 수 있다.

   2017년 기준 금 1온스는 약 1,450달러, 비트코인은 1,350달러로 금 1온스로 비트코인 1.1개를 가질 수 있었다. 2024년 11월 현재 금 1온스는 약 2,600달러, 비트코인은 90,000달러로 금 1온스로 비트코인 0.03개를 가질 수 있다. 이처럼 비트코인을 기준으로 매겨진 세상은 이미 하이퍼-인플레이션이 진행 중임을 알 수 있다.

비트코인 과거 vs.
비트코인 현재(생태계 확장 측면)

비트코인의 생태계는 기술적 혁신과 제도적 수용을 통해 지속적으로 확장되면서 비트코인에 대한 대중의 관점을 바꿔놓고 있다. 과거와 현재의 변화를 통해 이 확장이 비트코인의 가치를 어떻게 높이고 있는지 살펴보자.

앞서 말했듯 초창기의 비트코인은 2009년, 사토시 나카모토에 의해 처음 등장했다. 당시 비트코인은 주로 개인 간의 거래에 사용되는 디지털 통화였으며, 확장성 문제와 높은 수수료, 기술적 인프라 부족 등의 제한이 있었다. 비트코인 블록체인은 초당 약 7개의 트랜잭션만 처리할 수 있었고, 거래가 많이 발생할 경우 수수료가 급격히 상승하는 문제도 있었다. 이러한 문제들은 비트코인이 대중적으로 사용되기에는 큰 장애물이 되었다.

하지만 현재의 비트코인은 이러한 문제들을 극복하며 다양한 방면에서 발전해왔다. 라이트닝 네트워크는 비트코인의 확장성 문제를 해결하기 위한 2차 레이어 솔루션으로, 블록체인 외부에서 트랜잭션을 처리하여 실시간 거래와 낮은 수수료를 가능하게 한다. 이는 소액 결제나 빈번한 거래를 더욱 원활하게 처리할 수 있게 하며, 비트코인의 실생활 활용도를 크게 증가시킨다.

비트코인 ETF와 같은 금융 상품의 도입은 더 많은 기관 투자자들이 비트코인 시장에 접근할 수 있게 해주었다. 미국 증권거래위원회가 비트코인 현물 ETF를 승인하면서 기관 투자자들의 참여가 촉진되었고, 이는 비트코인의 유동성을 높이고 가격 안정성을 강화하는 데 기여한다.

많은 기업과 기관들이 비트코인을 자산으로 채택하거나 결제 수단으로 도입하면서 비트코인의 수요가 증가하고 있다. 일론 머스크Elon Musk는 테슬라에 비트코인을 결제 수단으로 도입하고 자산으로 보유하여 비트코인의 신뢰성을 높였으며, 마이크로스트래티지와 같은 기업들은 대규모로 비트코인을 매입하고 있다. 이러한 기업과 기관의 채택은 비트코인의 신뢰성과 유용성을 강화하게 된다.

디파이(탈중앙화 금융) 프로젝트들도 비트코인을 활용하여 다양한 금융 서비스를 제공한다. 비트코인을 담보로 대출을 제공하거나, 비트코인 기반의 스테이블코인을 발행하는 등 비트코인의 활용 범위를 넓히고 있다. 이는 전통 금융 시스템을 벗어나 더 자유롭고 혁신적인 금융 서비스를 가능하게 한다.

일부 국가들은 비트코인을 법정화폐로 채택하거나 법적 지위를 인정하고 있다. 엘살바도르는 2021년 비트코인을 법정화폐로 채택한 첫 국가로, 이는 비트코인의 글로벌 수용성을 높이는 중요한 전환점이다. 엘살바도르 정부는 비트코인을 통해 금융 소외 계층이 금융 서비스에 접근할 수 있도록 하고, 경제 성장을 촉진하려는 목표를 가지고 있다. 이러한 국가들의 비트코인 채택은 비트코인의 수요를 급격히 증가시키고 가격 상승을 촉진할 수 있게 한다.

비트코인 기반의 다양한 금융 상품들도 비트코인의 유동성을 높이고 있다. 비트코인 예금, 대출, 보험 등의 상품들은 비트코인의 활용도를 높이고, 투자자들에게 다양한 투자 기회를 제공하여 비트코인의 수요를 증가시킨다. 이러한 금융 상품들은 비트코인을 더욱 실질적인 금융 자산으로 만들고 있다.

특히 2024년 11월 미국 대통령 선거에서 도널드 트럼프가 차기 대통령으로 확정되면서 비트코인 시장은 더욱 움직였다. 상원의원과 하원의원 모두 공화당이 다수인 '레드 스위프'를 기록하며 도널드 트럼프의 독주 체제를 구축하게 되었고, 가상자산 산업에 대한 제도화, 규제화에 대한 속도도 더욱 낼 수 있을 것으로 판단된다.

도널드 트럼프가 제시한 가상자산 관련 큰 흐름은 첫째, 가상자산 산업 규제 완화 둘째, 가상자산 채굴 지원 셋째, 비트코인 전략적 국가 자산 취

1. 21세기 금융혁신 및 기술법안(FIT21)

FIT21의 법안 중 대표적인 것은 비트코인 및 가상자산을 증권거래위원회가 아닌 상품선물거래위원회 CFTC에 규제권을 둔다는 것이다. FIT21은 하원에서 5월 통과되었고 아직 상원의 검토와 승인을 기다리고 있다. 상대적으로 규제가 강한 증권거래위원회를 벗어나 상품선물거래위원회에서 규제를 받게 된다면, 비트코인의 산업은 더욱 성장될 것으로 기대된다.

2. BITCOIN ACT 2024

공화당 의원 신시아 루미스가 발의한 법안으로 향후 5년간 최대 100만 개의 비트코인을 매년 20만 개 매수하고, 20년 이상 매도하지 않는 전략적 자산으로 보유하자는 내용이 주요 골자이다.

3. 스테이블 코인 확장(규제적 명확성 제공)

CBDC 대신 USDC, USDT 등 스테이블 코인을 통해 지배력을 확대하겠다고 공약하였다. 따라서 스테이블 코인 관련 법안이 통과되고 결제 기업과 금융기업이 관련 사업에 진출하여 스테이블 코인 기반 핀테크 붐이 일어날 가능성도 있으며, AI와 디지털 자산 간 시너지 창출을 기대할 수 있다. 명확한 규제 정립을 통해 USDC 등 스테이블코인 프로젝트는 신뢰도를 높이고 금융 기관들과의 협력도 더욱 원활히 진행할 수 있을 전망이다.

4. 가상자산 기업 공개 가속화(IPO)

아크인베스트먼트는 보고서를 통해 "도널드 트럼프 행정부가 친 가상자산 정책을 펼칠 가능성이 큰 가운데 서클과 크라켄과 같은 주요 가상자산 기업의 IPO 추진 속도가 빨라질 것"이라고 전망했다. 그 근거로 보고서에서 "도널드 트럼프 행정부에 친 가상자산 정책을 펼칠 인사들이 다수 합류하고 있다"고도 했다. 이로 인해 산업에 긍정적인 변화가 예상된다.

급인데 이와 더불어 이미 발의가 진행된 가상자산 관련 법안에 대한 기대가 큰 상황이다.

결론적으로 비트코인 생태계의 확장은 기술적 혁신, 금융 상품의 다양화, 기업 및 국가의 채택 등을 통해 비트코인의 활용성을 높이고, 가격 상승을 유도하는 중요한 요소로 작용하고 있다. 이러한 요인들이 결합하여 2009년 사토시 나카모토에 의해 처음 등장한 비트코인은 과거와 달리 투자로서의 가치를 증대시키고, 글로벌 금융 시장에서의 입지를 강화하고 있다. 비트코인은 앞으로도 기술적 발전과 다양한 산업과의 융합을 통해 더욱 확장될 것으로 기대된다.

비트코인
밸류에이션 난제

앞서 비트코인을 부동산, 주식, 금의 과거와 현재를 비교해 보았다. 통일된 기준에서 비교를 한 것은 아니지만 어느 정도 큰 개념은 잡혔을 것이다. 일반적으로 사람들은 투자를 하기 위해 이 자산이 적정한 가격인지 혹은 너무 비싸지 않은지 확인을 거치는 과정을 진행한다.

주거용 부동산은 주변 시세, 감정가, 최근 인근 지역 거래현황 등을 조사하여 거래하고, 상업용 부동산은 입찰을 통해 최고가를 제안한 매수자에게 매도하거나, 감정평가사를 통해 적정 감정가를 고려하여 수의로 계약하기도 한다. 감정평가사는 비용성의 측면에서 원가방식, 시장성의 측면에서 비교방식, 수익성의 측면에서 수익방식 이렇게 감정평가의 3가지 방식을 통해 평가를 진행한다.

주식은 더욱 다양한 밸류에이션 방법이 있다. 주가가 한 주당 수익의 몇 배가 되는지 나타내는 주당수익비율PER, Price Earning Ratio, 주가가 한 주당 순자산의 몇 배가 되는지 나타내는 주가순자산비율PBR, Price Book Value Ratio, 기업가치를 세전 영업이익으로 비교한 지표인 EV/EBITDAEnterprise Value/ Earning Before Interest, Taxes, Depreciation and Amortization 등이 대표적이다.

그렇다면 비트코인을 포함한 가상자산은 밸류에이션을 어떻게 할 수 있을까? 가상자산은 전통 금융권 내에서 다뤄온 주식, 부동산, 채권 등과 같은 자산군과는 근본적으로 다르기 때문에 기존의 현금흐름 기반의 밸류에이션으로 접근하기는 어렵고, 새로운 시각에 기반한 새로운 밸류에이션 방식을 고려하여야 한다.

2022년, 코빗 리서치는 보고서를 통해 다음과 같이 6가지 가상자산 밸류에이션 모델을 소개하였다. 바로 '메트칼프의 법칙, 화폐수량설, 원가 접근법, MVRV, NV/NTV, S2F 모델'이다. 오른쪽에 표로 간략하게 정리하였으며 자세한 내용은 해당 리포트를 참고하길 바란다.

밸류에이션 모델에 따른 가상자산 밸류드라이버(Value Driver) 및 장·단점

구분	밸류 드라이버 Value Driver	장점	단점
메트칼프의 법칙	네트워크 참가자 수 (노드 수)	블록체인 본질에 충실	네트워크 참가자수 측정이 어려움 네트워크 참가자를 질적 구분짓지 않음
화폐수량설	$(P^{4)} \times Q^{5)}) \div V^{6)}$	블록체인 본질에 충실	V값 측정이 어려움
원가접근법	생산 원가	단순함	가격과의 인과관계 불분명 POW 외 적용 불가
MVRV	실현 가치 (Realized Value)	객관적인 온체인 데이터 기반 분석	과거 투자자 행동 패턴의 반복을 가정
NV/NTV	온체인 거래량	객관적인 온체인 데이터 기반 분석	과거 투자자 행동 패턴의 반복을 가정
S2F모델	S2F 비율 (희소성)	희소성의 중요성 강조 정확한 적정 가치 산정 가능	희소성 유일론. S2F의 허위변수 가능성 효율적 시장 가설에 의한 선반영 비트코인 외 적용 불가

출처 korbit_Research_2022-01-26

---

4 P = 집행된 거래의 평균 가격
5 Q = 거래 건수
6 V = 가상자산 유통 속도

대표적인 밸류에이션 방식과 그 문제점

구분	설명	단점
해결하는 경제 문제	글로벌 송금 수수료를 얼마나 절감하는지, 혹은 관련 기업인 비자, 마스터 카드(Master Card) 등의 시총과 비교	단순 송금 용도라면 더 효율적인 디지털 자산들이 존재. 탈 중앙화 등의 가치가 반영되지 않음
네트워크 효과	사용자 기반이 증가할수록 비트코인 네트워크의 가치도 증대	사용자 기반을 가격으로 환산하는 과정 필요
유사 자산 비교	금 시총의 특정 비율 (예 10%)에 해당하는 가치를 지닌다고 추정	귀금속이자 외환보유고로도 쓰이는 금과 다른 면도 많음. 금 전체 시총과 비교해야 할지, 귀금속 수요 등을 제외한 가치저장 수단으로서의 금 시총에 비교해야 할지도 모호
채굴 비용	비트코인 채굴에 들어가는 비용이 비트코인의 원가	시장가격이 언제나 상품의 원가 이상으로 형성되지는 않음. 보통 비트코인 가격을 채굴 비용이 역으로 추종

출처 NH투자증권

2022년, NH투자증권도 비트코인 밸류에이션론에 대하여 다음과 같은 4가지 방법론을 통해 고민하였다. 첫째, 해결하는 경제 문제 둘째, 네트워크 효과 셋째, 유사 자산 비교 넷째, 채굴 비용이다. 마찬가지로 이에 관한 간략한 내용은 위의 표를 참고하고, 보다 자세한 내용은 해당 리포트를 읽어보길 바란다.

자산운용사, 투자회사 등 금융권에서 전통적으로 활용하는 밸류에이션 모델 역시 하루아침에 완성된 것은 아니다. 앞서 비트코인과 주식, 부동산을 비교한 챕터에서도 알 수 있듯이 주식의 경우 1600년 동인도회사가 최초로 출범했고, 그 이후 주식 가치 측정 방법에 대한 합의가 진행된 시기는 20세기 초반으로 약 400년의 시간이 필요했다. 가상자산의 시초인 비트코인이 세상에 등장한지 15년 밖에 지나지 않았다. 앞으로 시간이 지나 더 많은 데이터가 축적될수록 가상자산 밸류에이션 모델은 더욱 정교해질 것이다.

PART 3

투자 하자, 가상자산 시장과 투자 전략

비트코인 반감기 vs. 거시경제, 불장(Bull-Market)의 원인은?

보통 불장의 원인이 반감기라는 의견과 거시경제 유동성에 의한 것이라는 의견으로 나누어진다. 비트코인이 2008년 세상에 등장하였고 15년 밖에 지나지 않았으며 세 번의 반감기밖에 없었기 때문에 데이터가 충분치 않아 명확하게 정의하긴 어렵지만, 가상자산 사이클로 인하여 불장이 온다고 생각한다.

지난 세 번의 반감기와 거시경제 유동성에 대하여 살펴보겠다. 비트코인 총 발행량은 2,100만 개로 4년 주기로 반감기가 도래한다. 역사적으로 반감기 이후 1~2년 이내에 비트코인 가격은 급등하는 패턴을 가지고 있었다. 그렇지만 비트코인 사이클만 가격에 영향을 미치는 것이 아니며, 미국 연준 자산과 기준금리 등 거시경제 지표는 투자 자산 시장에 영향을 준다.

비트코인 반감기 & 미국 연준 자산과 기준 금리

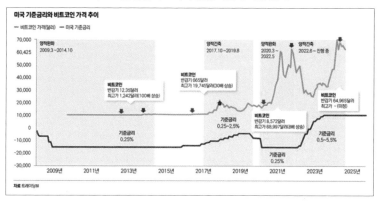

2012년 반감기 당시 비트코인 가격은 1만 원, 2013년 최고가 122만 원이었다. 당시 미국은 2009년부터 2014년까지 양적완화, 2008년 이후 꾸준히 제로금리였다. 2016년 반감기 당시 비트코인 가격은 77만 원, 2017년 최고가 2,120만 원이었다.

미국은 2017년부터 2019년까지 양적 긴축을 진행하였고, 2015년 12월 제로금리 종료 후 당시 금리 인상기에 있었다. 2020년 반감기 당시 비트코인 가격은 1,170만 원, 2021년 최고가 8,040만 원이었다. 미국은 2020년부터 2022년까지 양적완화를 진행하였고, 2020년 3월 이후 제로금리였다. 과거의 반감기 사이클 동안 대외적인 경제 상황이나 정책에 크게 영향을 받은 것은 2020년 세 번째 반감기였다. 네 번째 반감기는 2024년 4월에 진행되었으며, 매크로 경제 측면에서는 금리 인하기가 진행되고 있다. 더불어 ETF도입으로 자산성을 인정받고 있으며 전통 금융 시장에서도 인정받기 시작한 비트코인이 대외적인 시장상황과 맞물려서 얼마만큼 가격이 올라갈지 지켜볼 일이다.

위와 같이 두 번째 반감기 당시에는 양적 긴축, 금리 인상 시기였으나 비트코인 가격이 상승한 것을 볼 수 있다. 가장 최근의 반감기는 2024년 4월이었다. 반감기 사이클로 인한 가상자산 시장뿐만 아니라 매크로 경제도 회복기로 가는 사이클에 있어 가상자산 시장은 더욱 빛을 발할 것이라 여겨진다.

가상자산의 대장, 비트코인 투자를 위해 알아 두어야 할 것들

비트코인 가격이 많이 뛰면서 비트코인 투자에 대해 많은 관심을 가지고 있지만 주식에 비해 용어가 생소하기에 투자에 어려움을 갖는 사람들이 많다. 코인은 주식과 달리 24시간 장이 열리고 가격 제한이 없기에 대응도, 가격을 예측하기도 어렵다. 소위 코인 투자 전문가라고 하는 사람들도 과거 발언들을 쫓아가 보면 틀렸던 적이 많다. 더군다나 코인의 근간이 되는 블록체인 기술을 잘 이해하는 전문가들도 가격의 변동과 기술과는 상관관계가 크게 없다고 말한다.

그렇다면 코인 투자로 성과를 거두기 위해서는 어떻게 하여야 할까? 저자가 2017년부터 비트코인에 투자하면서 느꼈던 점은 다수의 투자자들이 이해하고 유의미하다고 판단하는 뉴스, 지표, 통계에 관심을 가져야 한다는 것이다.

아무리 블록체인 기술자들이 대단하다고 하는 기술도 일반 투자자들에게 널리 알려지거나 관심을 가지지 않는 것은 가격 변동에 유의미한 영향을 주지 못한다. 따라서 현재 코인 투자자들이 어떠한 기술, 지표, 뉴스, 통계에 관심을 가지는지 공부를 통해 터득하고 그에 대한 투자 매뉴얼을 만든다면 성공적인 비트코인 투자 준비를 잘할 수 있다.

이번 장에서는 과거에 비트코인 가격을 이끌었던 유의미한 지표 및 뉴스 등에 대해 분석해 보고 2024년 12월 현재의 투자 전략에 대해 생각해 보기로 하겠다. 더불어 비트코인 뿐만 아니라 큰 수익률 거둘 수 있는 알트코인 투자에 대해서도 공부해 보자.

1) 비트코인 공급량을 조절하는 비트코인 반감기

비트코인 가격차트

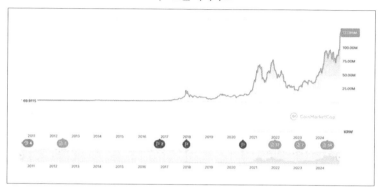

출처 코인마켓캡 (coinmarketcap.com/ko/currencies/bitcoin/)

비트코인 반감기와 가격

반감기	반감기 시점 가격	반감기 이후 최고 가격 시점(기간)	반감기 이후 최고 가격 (상승률)
2012년 11월 30일	1만 원	2013년 11월 30일0(365일)	122만 원(122배)
2016년 7월 31일	77만 원	2017년 12월 17일(504일)	2,120만 원(28배)
2020년 5월 30일	1,170만 원	2021년 4월 14일(319일)	8,040만 원(7배)
2024년 4월 20일	9,480만5천 원	2025년 5월(예상)	2.8~4.7억 원(3~5배)

비트코인 이벤트 중 가장 큰 이벤트를 고르라면 비트코인 반감기라 할 수 있다. 비트코인 반감기는 비트코인 공급을 제한적으로 유지하기 위해

채굴자에게 주어지는 보상이 줄어드는 메커니즘을 뜻한다. 비트코인은 2,100만 개까지 채굴되도록 설계되어 있으며, 21만 번째 블록이 형성될 때마다 반감기를 가진다.

첫 번째 비트코인 반감기는 2012년 11월이었는데, 채굴 보상이 1블록 당 50개에서 25개로 줄었다. 두 번째 반감기는 2016년 7월로 채굴 보상이 1블록 당 25개에서 12.5개로 줄었다. 가장 최근에는 2020년 5월로 채굴 보상이 1블록 당 12.5개에서 6.25개로 줄었다.

비트코인 가격은 반감기 후 꾸준히 상승하다가 1~2년 사이에 정점을 찍어왔다. 첫 번째 반감기에 1만 원에 불과했던 비트코인 가격은 2013년 11월, 122만 원으로 100배가 넘게 올랐다. 두 번째 반감에는 77만 원하던 비트코인이 2,120만 원으로 28배 상승하였다. 세 번째 반감기에는 1,170만 원 하던 비트코인 가격이 8,040만 원으로 약 7배가 뛰었다. 네 번째 반감기는 2024년 4월 20일에 진행되었으며, 채굴 보상이 절반으로 줄어들어 또 한 번 비트코인 가격의 큰 상승을 이끌 것으로 예상된다. 보통 비트코인 반감기 후 1년이 지난 시점에 비트코인 고점을 찍는 경우가 많은데 그렇다면 4번째 반감기 후인 2025년 4~5월 경에 고점을 예상할 수 있다. 하지만 꼭 과거와 동일한 패턴대로 간다고 섣불리 판단해서는 안 된다. 유의미한 지표 및 통계를 통해 투자의 큰 줄기는 파악을 마쳤다면 투자를 고민하는 시점에 과거와 다른 어떤 변수들이 있는지도 점검해 보는 것이 좋다. 체크하면 좋을 만한 지표들은 앞으로 소개하겠다.

2) 비트코인 현물 ETF 승인

2023년 비트코인 가격차트

출처 업비트

　2023년 하반기는 비트코인 현물 ETF 이슈로 뜨거웠다. 2023년 초 2,000만 원 초반을 기록하던 비트코인 가격도 2023년 하반기 현물 ETF 승인 기대감으로 국내 거래소 기준 6,000만 원을 돌파했다. 세계 최대 자산운용사인 블랙록이 2023년 6월 현물 ETF를 신청했고 피델리티, 아크 인베스트 등 주요 자산운용사들도 현물 ETF를 신청했다. 2024년 1월 초, 드디어 비트코인 현물 ETF 출시가 승인되면서 2024년 1월, 국내 거래소 기준으로 비트코인 가격은 6,600만 원을 돌파했다.

　현물 ETF 출시는 투자자산으로서 인정받는다는 의미 외에 투자자로 하여금 장기간 가격 상승 기대감을 갖게 한다. 그간 국내 거래소는 기업 계좌를 만들지 못하게 하여, 기관이 비트코인을 살 수 없도록 하였다. 국외도 마찬가지로 규제가 있는 등의 사정으로 기관이 접근하기 힘든 자산이었다. 하지만 이제 현물 ETF가 미증시에서 거래되면서 기관들도 비트코인에 투자할 수 있게 되었다.

비트코인은 디지털 금으로 불리고 있기 때문에 금 현물 ETF를 간접적으로 비교해 볼 수 있다. 세계 최초의 금 현물 ETF인 SPDR펀드의 GLD ETF는 2004년 상장 후 11년까지 약 3배 가까이 상승했다. 비트코인은 어쩌면 이보다 더 빠르게 더 크게 상승할 수도 있다. 그 이유는 앞서 설명한 비트코인 반감기 때문이다. 비트코인 채산성은 4년 주기로 절반으로 떨어지는데 가격이 올라도 정해진 양만큼 공급할 수밖에 없다. 금은 가격이 오르면 그만큼 생산량도 늘릴 수 있지만 비트코인은 불가능하다.

SPDR펀드의 GLD ETF

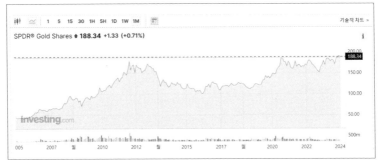

출처 인베스팅닷컴

3) 통화량과 한 해 동안의 비트코인 가격

통화량 정책이나 금리는 주로 국가의 중앙은행이나 정부에 의해 관리되는 경제 정책 수단이다. 이러한 조절 수단은 물가 안정성, 고용 등을 조절하여 경제를 안정시키고 원하는 방향으로 유도하기 위해 사용된다. 코로나19로 인해 부동산 등 전반적인 경기가 과열되는 양상을 보인 최근에는 통화량을 줄이는 정책이 시행되었다. 대표적인 정책은 미국 연방준비제도의 금리 인상 결정이다.

금리 인상은 물가 상승을 억제하는 데에는 효과적이지만 기업의 경제활동을 위축시켜 고용률을 떨어뜨리는 결과를 낳을 수도 있다. 따라서 정부의 정책은 항상 고용률과 물가상승률 사이에 균형감을 가지는 방향을 택한다. 2023년 한 해 동안 미국 연방준비제도는 지속적으로 금리를 인상시켰는데, 그 이유는 미국의 고용률이 견고하게 유지되었기에 정책방향은 물가를 낮추는데 집중되었다.

실제로 금리 상승기에 우리는 부동산 가격의 하락, 주가의 하락을 경험했다. 따라서 투자자산 중의 하나로 평가받는 비트코인 가격도 하락하여야 정상이라고 생각할 수 있다. 하지만 오히려 비트코인 가격은 2023년 연일 상승하여 한때 원화 가격으로 6,600만 원까지 올라갔다. 2023년 연초 대비 2배 이상 가격이 상승한 것이다.

> **투자자산으로서 비트코인** ⇨ **2023년 ETF 승인 기대감**
> ⇨ **수요의 상승** ⇨ **가격상승**

상승 이유는 앞서 설명한 ETF 승인과 같이 투자자산으로서의 기대감에서 비롯되었다. 그렇다면 2024년은 어떨까?

> **가치저장 수단으로서 비트코인** ⇨ **2024년 금리 인하 등 통화량 증가 예상**
> ⇨ **수요의 상승** ⇨ **가격 상승**

다음 페이지의 그래프는 글로벌 통화량과 비트코인 가격과의 상관관계를 나타낸다. 주황색 선인 비트코인 가격은 글로벌 통화량(M2)의 증가에 따라 우상향을 그려왔다. 비트코인은 이자와 배당이 나오는 자산이 아니므로 그 자체로 가치를 생산하지는 못한다. 다만 금과 같이 감가(마모나 훼손)가 오는 자산이 아니므로 화폐의 가치와 반대 포지션에 위치한다. 우리는 이러한 성격을 가지는 자산을 보통 '가치저장 수단'이라고 부른다.

2024년, 2025년에는 가치저장 수단으로서 비트코인은 조명받을 가능성이 크다. 2023년 7월 미국 연방준비은행은 사실상 금리 인상을 종료하였고, 2024년 9월부터 금리 인하기에 돌입하였다. 금리 인하는 시중에 통

미국연방준비은행 금리동결 관련 기사

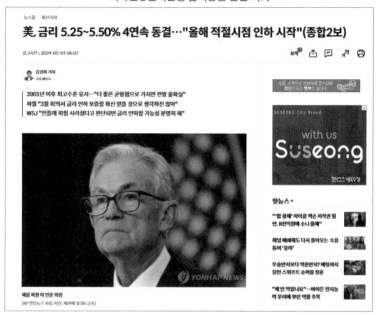

비트코인 가격과 통화량의 상관관계

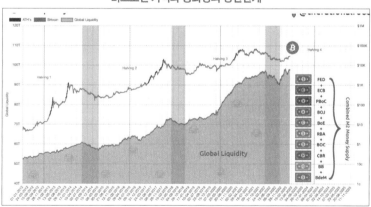

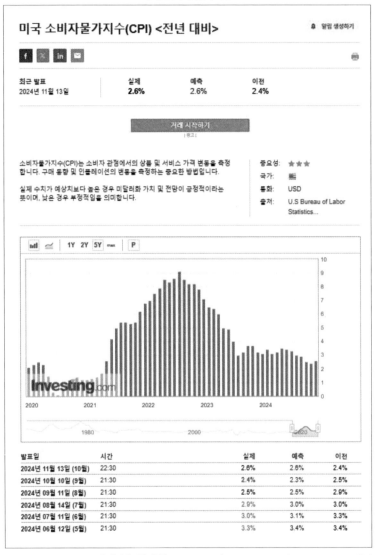

미국 소비자물가지수(CPI) <전년 대비>

🔔 알림 생성하기

최근 발표	실제	예측	이전
2024년 11월 13일	2.6%	2.6%	2.4%

거래 시작하기
| 광고 |

소비자물가지수(CPI)는 소비자 관점에서의 상품 및 서비스 가격 변동을 측정합니다. 구매 동향 및 인플레이션의 변동을 측정하는 중요한 방법입니다.

실제 수치가 예상치보다 높은 경우 미달러화 가치 및 전망이 긍정적이라는 뜻이며, 낮은 경우 부정적임을 의미합니다.

중요성:	★ ★ ★
국가:	🇺🇸
통화:	USD
출처:	U.S Bureau of Labor Statistics...

1Y 2Y 5Y max P

발표일	시간	실제	예측	이전
2024년 11월 13일 (10월)	22:30	2.6%	2.6%	2.4%
2024년 10월 10일 (9월)	21:30	2.4%	2.3%	2.5%
2024년 09월 11일 (8월)	21:30	2.5%	2.5%	2.9%
2024년 08월 14일 (7월)	21:30	2.9%	3.0%	3.0%
2024년 07월 11일 (6월)	21:30	3.0%	3.1%	3.3%
2024년 06월 12일 (5월)	21:30	3.3%	3.4%	3.4%

출처 인베스팅 닷컴(kr.investing.com/economic-calendar/initial-jobless-claims-294)

화량을 증가시키고 비트코인 등 자산의 가격을 상승시킬 수 있다.

금리 인하 정책의 속도와 향방을 예측할 수 있는 지표로는 소비자물가지수Consumer Price Index, CPI와 실업수당청구건수Jobless Claims가 있다. 소비자물가지수는 미국 고용통계국에서 매달 발표하며 미국 소비재 및 서비스 시장에 대한 소비자가 지불하는 가격의 변동을 측정한 것이다. 소비자물가지수가 상승한다는 의미는 상품의 가격이 오르는 것을 의미하고 상품 가격의 상승은 실질 임금의 감소를 의미한다.

즉, CPI의 상승은 인플레이션을 측정하는 도구로 사용된다. 소비자물가지수가 당초 예상 보다 크게 떨어진다면 금리 인하에 대한 확실한 시그널이 될 수도 있다. 반대로 소비자물가지수가 당초 예상보다 크게 올라간다면 금리 동결 또는 상승 시그널로 판단돼 비트코인 가격 전망에 부정적일 수 있다.

실업수당청구건수는 실업률과 함께 대표적인 고용률 관련 지표다. 매월 첫째 주 금요일에 발표하는 실업률은 수치가 낮을수록 경기가 활성화된 상태를 의미한다. 고용이 늘었다는 건 기업이 돈을 잘 벌고 있고, 더 많은 생산을 위해 사람들을 고용한다는 의미다. 미국 정부가 안정적으로 보는 실업률은 3%대다.

매주 목요일에 발표하는 실업수당청구건수는 주 단위로 발표하기 때문에 실업률 지표 보다 고용시장의 분위기를 빠르게 파악하는데 활용될 수 있다. 청구 건수가 높을수록 고용 상황이 좋지 않다는 신호다. 신규와

연속이 있는데, 신규는 최초로 실업 수당을 신청한 사람이고, 연속은 몇

주 동안 연속으로 실업수당을 청구한 사람이다. 실업수당청구건수가 당

미국 신규 실업수당청구건수

초 예상보다 크게 뛴다면 강력한 금리 인하 시그널이 될 수 있다.

혹자는 금리 인하 시그널이 나오면 오히려 부동산이나 주식 같은 다른 투자 자산에 관심을 가지는 것이 맞지 않느냐고 반문할 수 있다. 틀린 말은 아니다. 하지만 자산 배분 관점으로 접근해 보라. 비트코인은 타자산에 비해 전체 시총이 크지 않아 변동성이 크지만 전반적인 투자자산 가격이 상승할 때, 그 어떤 자산보다 수익률이 높다. 포트폴리오 관점으로 비트코인에 투자한다면 좋은 투자처 중 한 곳이 될 수 있다.

4) 비트코인 채굴원가 해시레이트

앞선 설명이 비트코인의 수요 공급 관점에서 가격을 설명하였다면 비트코인 해시레이트는 비트코인 가격을 원가 관점에서 설명하는 지표이다. 해시레이트는 채굴을 위한 연산 처리 능력을 측정하는 단위이다. 쉽게 말해서 비트코인 채굴 난이도를 의미한다. 비트코인의 블록 생성 주기는 10분 내외다. 이 주기는 채굴자가 많든 적든, 채굴기의 성능이 좋든 안좋든 일정하게 유지된다.

따라서 해시레이트가 높아지면 비트코인 가격은 상승한다. 비트코인 채굴 비용이 상승하기 때문에 비트코인 생산 원가는 올라가고 이에 따라 판매 단가는 상승한다. 반대로 해시레이트가 하락하면 비트코인 가격은 떨어진다. 비트코인을 쉽게 채굴할 수 있으므로 생산 원가가 낮아지고, 이에 따라 비트코인 판매가도 떨어진다.

비트코인 해시레이트

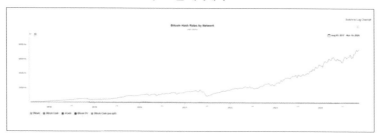

출처 Coin.dance/blocks/hashrate

과거 중국에서 채굴장 폐쇄에 나서면서 해시레이트 감소, 비트코인 가격 하락으로 이어진 적이 있고, 2022년 1월에도 채굴량 당시 세계 2위였던 카자흐스탄에서 전력난으로 채굴을 중단하면서 채굴 난이도가 하락하여 비트코인 가격이 급락한 적이 있다. 참고로 비트코인의 가격이 일시적으로 하락하더라도 해시레이트의 추이에 큰 변화가 없다면 향후 가격이 회복될 가능성이 크다. 2022년 말부터 2024년 현재까지 해시레이트가 급격히 상승하고 있고 비트코인 가격도 덩달아 상승하고 있다는 점은 해시레이트와 비트코인 가격의 상관관계를 잘 보여주고 있다.

5) 비트코인 투자심리를 읽어라

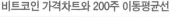

비트코인 가격차트와 200주 이동평균선

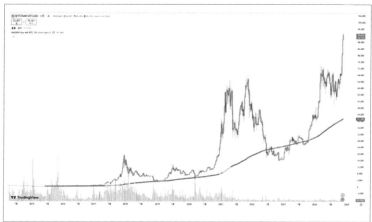

출처 트레이딩 뷰

이동평균선은 기본적으로 지지선과 저항선 역할을 한다. 그중 지지
는 가격이 일정 수준까지 떨어지면 매입 세력에 의해 가격이 더 하락하
지 않는 것을 뜻한다. 위의 차트는 비트코인의 주봉 차트이고 빨간색 선
은 200주 이동평균선을 나타낸다. 비트코인 투자자들은 200주 이동평균
선을 대표적인 비트코인 투자 심리 분석 지표로 활용하고 있다. 즉, 200주
이동평균선에 가격이 근접하면 그 시점이 비트코인 가격의 저점으로 판
단하여 투자를 실행하는 경우가 많다. 차트를 보면, 과거 2017년부터 루
나코인 폭락 사태가 터진 2022년 4월까지 비트코인 차트가 200주 이동평

균선을 항상 상회하는 것을 알 수 있다.

이후에는 200주 이동평균선이 잠시 동안 하방 이탈하였지만 2023년 초부터 다시 200주 이동평균선 위로 비트코인 차트가 그려짐을 볼 수 있다. 특히 2023년에는 미국 연방준비제도FED가 금리를 매월 인상하면서 주식 등 전반적인 투자심리가 좋지 못했음을 상기해 볼 때, 200주 이동평균선은 비트코인 가격의 강력한 지지선과 저항선의 역할을 한다는 사실을 알 수 있다.

투자자들의 심리를 나타내는 지표로 200주 이동평균선과 함께 공포 탐욕 지수Crypto Fear And Greed Index가 있다. 지수의 범위는 1~100까지로 수치가

공포탐욕 지수 기간 데이터

비트코인 가격차트

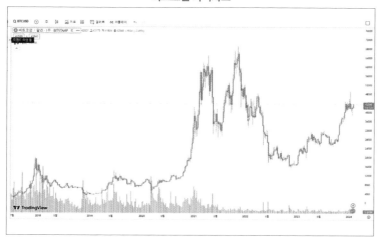

낮을수록 투자자가 공포를 느끼고, 높을수록 탐욕을 느끼는 것이다. 보통
1~20까지의 수치를 극단적인 공포로 매수를 추천하고, 80~100을 환희에
차있는 구간으로 매도를 추천한다. alternative.me/crypto 사이트를 방문
하면 현재 수치 및 과거 데이터를 확인해 볼 수 있다.

　공포 탐욕 지수를 보면 2022년 5월과 2020년 3~4월, 2018년 12월 극단
적 공포에 점들이 몰려있음을 확인할 수 있다. 비트코인 차트를 보면, 과
거 극단적 공포가 몰려있는 구간에서 비트코인 가격 반등이 왔음을 확인
할 수 있다. 반대로 극단적 환희가 몰려있는 구간에서도 비트코인 가격
반등이 머지않아 올 것이라는 점을 예상하게 된다.

6) 비트코인 고래들의 움직임, 온체인 데이터

온체인 데이터On-Chain Data란 블록체인 상에서 이루어진 거래 명세를 담고 있는 데이터라는 의미다. 블록체인은 모두에게 열려있다는 특징을 가지고 있어 이를 활용해 거래된 코인 수, 지갑 주소, 채굴자들에게 지급되는 수수료와 같은 기본적인 정보를 파악할 수 있다. 온체인 데이터는 크립토퀀트(https://cryptoquant.com/)에서 확인할 수 있다.

온체인 데이터를 보는 가장 핵심은 고래가 보유한 가상자산 물량의 이동을 파악하기 위한 것이다. 고래는 대량의 가상화폐를 보유하고 있어 고래의 움직임은 시장 가격에 큰 영향을 미치는 것은 물론이고, 개인 투자자의 심리에도 영향을 준다.

비트코인 CDD 지표

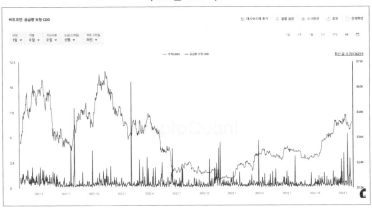

출처 크립토퀀트(cryptoquant.com/ko/asset/btc/chart/network-indicator/supply-adjusted-cdd?window=DAY&sma=0&ema=0&priceScale=linear&metricScale=linear&chartStyle=line)

온체인 데이터 중 CDD 지표는 비트코인 이동 물량에 기간 가중치를 준 수치다. 보유기간이 긴 비트코인을 대량으로 지갑 밖으로 출금하면 수치가 올라간다. 옆 페이지의 그래프를 보면 CDD 수치가 크게 뛴 다음에 비트코인 가격에 추세 전환이 오는 경우를 볼 수 있다. CDD가 크게 올랐다는 것은 비트코인 장기 홀더들이 물량을 많이 매도했다는 의미다. 이와 동시에 강력한 신규 매수세가 유입되었다는 뜻이기도 하다.

보통 이런 때는 신규 매수자는 많은 물량을 매수할 수 있는 고래인 경우가 많다. 고래는 결국 자신의 평단가 보다는 가격을 띄우려 할 것이기 때문에 비트코인 가격 하락 구간에서 CDD 수치가 크게 올랐다면, 반등 시그널로 판단해 볼 수 있다.

비트코인 MVRV 비율

출처 크립토퀀트(cryptoquant.com/ko/asset/btc/chart/market-indicator/mvrv-ratio?window=DAY&sma=0&ema
=0&priceScale=linear&metricScale=linear&chartStyle=line)

MVRV^{Market Value To Realised Value} 지수는 코인의 현재 시총을 실현 시총으로 나눈 값이다. 여기서 실현 시총은 다른 지갑에 마지막으로 전송된 모든 비트코인의 가격을 더한 값이다. 따라서 값이 1이 나오면 마지막 지갑 전송 당시 가격을 기준으로 평균적으로 수익률이 0%인 상태를, 2가 나오면 100% 수익을 거둔 상태를 의미한다. 세 번의 반감기를 거치는 동안 경험적으로 MVRV 수치가 1 이하일 경우가 저점인 상황이 많았고 3.7 이상이 고점인 상황이 많았다. 2024년 12월 현재, 2.6에 근접해 있는 상태다. 아직 3.7에 도달하지 않았기에 투자 기회가 충분히 있다고 판단할 수 있다.

알트코인으로 수익률 극대화를 위해 알아두어야 할 것들

사실 대한민국 사람들의 대다수는 코인의 대장 격인 비트코인보다는 알트코인 투자에 관심이 많을 것이다. 필자도 코인 투자 방법을 묻는 사람들에게 상대적으로 안전한 비트코인에 투자를 권해도 대다수는 알트코인에 투자하고 싶어한다. 어차피 코인은 하이 리스크 하이 리턴 전략이지 않냐며 알트코인 투자 방법을 궁금해 하곤 한다.

이번 장에서는 알트코인을 투자하기 위해서 알아두어야 할 것들에 대해서 정리해 보았다. 다만 설명하기에 앞서 성공적인 알트코인 투자의 전제는 비트코인 가격의 상승과 안정성이 담보되어 있어야 한다는 것이다. 주식도 삼성전자 주가가 빠지면 다른 잡주(雜株, 증권시장에서 나쁘게 평가받는 주식들의 총칭)의 가격이 크게 빠지듯이, 코인도 대장격인 비트코인이 안정적인 상승이나 가격 유지가 되어야 한다. 따라서 비트코인에 대한 투자 방법론을 완전히 습득한 뒤에 알트코인에 도전하기를 권한다.

알트코인은 비트코인 이외의 후발 가상자산을 칭한다. 현재 그 수를 헤아릴 수 없을 정도로 많고 코인의 가치척도를 나타내는 시총도 규모가 고르지 않고 다양하다. 2024년 11월 기준, 시총 2,523조 원이고 시총 2위인 이더리움은 약 520조 원으로 비트코인 절반에도 못 미친다.

3위부터는 테더가 180조 원, 솔라나 150조 원, 리플이 85조 원 정도이다. 참고로 한국인이 가장 많이 사용하는 거래소 업비트에 상장된 코인 중 시총이 가장 낮은 코인은 포튜브로 약 22억 원 정도이다. 이더리움을 제외하면 알트코인 대부분이 비트코인에 비해 아주 미미한 수준이다.

시총 상위 순위

	디지털 자산		기간별 상승률		시가총액	
			시가총액 ⬍		거래대금(24H) ⬍	업비트 거래
1	Ⓑ	비트코인	25,412,484 억원		1,046,726 억원	거래하기 ▾
2	◆	이더리움	5,201,891 억원		392,135 억원	거래하기 ▾
3	Ⓣ	테더	1,792,151 억원		2,016,099 억원	거래하기 ▾
4	●	솔라나	1,546,283 억원		96,075 억원	거래하기 ▾
5	✕	리플	854,303 억원		79,129 억원	거래하기 ▾
6	Ⓓ	도지코인	792,231 억원		170,250 억원	거래하기 ▾
7	Ⓢ	유에스디코인	519,966 억원		152,289 억원	거래하기 ▾
8	☀	에이다	380,560 억원		30,440 억원	거래하기 ▾
9	▽	트론	237,096 억원		11,653 억원	거래하기 ▾
10	●	시바이누	199,464 억원		17,770 억원	거래하기 ▾
11	Ⓐ	아발란체	192,092 억원		9,559 억원	거래하기 ▾

출처 업비트(www.upbit.com/trends)

1) 비트코인의 눈치를 살펴라, 비트코인 도미넌스

비트코인 도미넌스는 전체 가상자산(코인) 시총 중 비트코인 시총이 차지하는 비율을 나타내는 지표다. 즉, 비트코인의 시장 점유율이다. 비트코인 도미넌스는 트레이딩뷰 사이트에서 확인할 수 있다. 검색어에 BTC. D를 입력하면 된다.

비트코인 도미넌스 차트

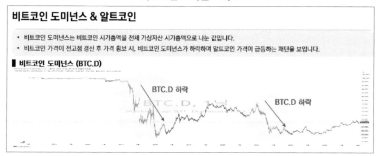

출처 트레이딩뷰 참고 직접작성(kr.tradingview.com/chart/?symbol=CRYPTOCAP%3ABTC.D)

알트코인 시총 차트

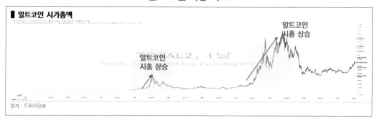

출처 트레이딩뷰 참고 직접작성(https://kr.tradingview.com/chart/?symbol=CRYPTOCAP%3ATOTAL2)

도미넌스는 시총의 양적 변화가 아닌 상대적인 비율을 나타낸다. 따라서 트레이딩 뷰에서 TOTAL을 검색하여 비트코인을 포함한 가상화폐 시총 또는 비트코인을 제외한 알트코인 시총을 함께 참고하여 보면 시장의 흐름을 보다 잘 이해할 수 있다.

비트코인 도미넌스 차트를 보면, 반감기 후 비트코인 가격 상승과 함께 비트코인 도미넌스 비율이 점차 올라가는 것을 볼 수 있다. 그리고 도미넌스가 65~70%의 정점을 지나서 그 비율이 급격히 떨어진다. 그 이유는 알트코인 시총 그래프를 보면 알 수 있다. 2017년말부터 2018년 초까지, 2020년 연말부터 2021년 5월까지 알트코인 시총이 폭발적으로 상승하기 때문이다. 물론 비트코인 가격은 내려가지 않고 횡보하고 있기에 전체 코인 시총은 증가하고 있다.

비트코인 도미넌스와 알트코인 상관관계

비트코인 가격	비트코인 도미넌스	알트코인
상승	상승	소폭 상승
	횡보	상승
	하락	불장(Bull-Market)
횡보	상승	하락
	횡보	횡보
	하락	상승
하락	상승	폭락
	횡보	하락
	하락	소폭 하락

비트코인 도미넌스, 알트코인 시총 그래프의 상관관계를 나타내면 옆 페이지의 표와 같다. 알트코인에 투자해야 하는 시기는 표에 따르면, 비트코인 가격이 상승하는 중에 도미넌스가 횡보하거나 하락하는 지점인 것을 확인할 수 있다. 구체적으로는 비트코인이 전 고점을 뚫고 비트코인 도미넌스가 65~70% 사이를 차지할 때다. 반대로 투자에 주의해야 하는 구간은 비트코인이 한동안 횡보하며 추가 상승을 보이지 않고 비트코인 도미넌스가 30~40% 초반을 기록하면 위험 신호로 인지하는 것이 좋다.

다만 네 번째 반감기(2024년 4월)인 본 사이클에서는 비트코인 도미넌스 수치를 3~5% 정도 아래인 60~65% 대 구간을 알트코인 투자 적기로 설정해야 할 수도 있다. 스테이블 코인의 도미넌스가 과거에 비해 많이 올라왔기 때문이다. 스테이블 코인은 달러와 동일한 가치를 가지고 거래소

USDT 스테이블 코인 도미넌스

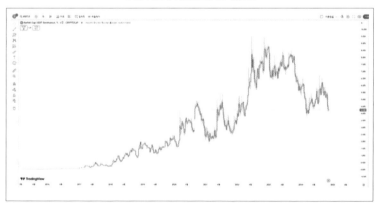

출처 트레이딩뷰

비트코인 월봉 차트

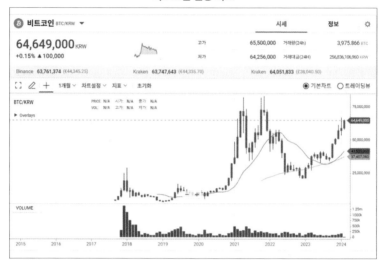

출처 업비트

에서 마치 현금처럼 쓰이기 때문에 과거 수치와 비교할 때 감안하여 보는 것이 좋다. 대표적인 스테이블 코인으로는 서클Circle 사가 개발한 USDC 코인과 테더 사가 개발한 USDT가 있다. 옆 페이지의 그래프는 USDT의 도미넌스를 나타낸 그래프인데, 2020년 4~5월에 비해 2024년 11월은 도미넌스가 3% 정도 상승했음을 알 수 있다.

앞서 비트코인 투자 설명과 연결지으면 2024년 4월 반감기 이후, 비트코인 가격과 비트코인 도미넌스를 관찰하면서 알트코인 투자 시점을 고려해 봐야 한다. 2024년 11월 이후 비트코인 가격을 예의주시하면서 비트코인 도미넌스가 60~65% 수준을 넘기는지 확인하고 알트코인에 투자

샌드박스 월봉 차트

출처 업비트

하면 과거 데이터에 근거한 투자로 투자승률을 보다 높일 수 있을 것으로 판단된다. 실제로 차트를 보면 비트코인이 본격적으로 상승하는 시점에는 알트코인들의 상승률은 높지 않았다. 알트코인의 본격적인 상승은 비트코인 상승을 끝내고 횡보하는 2021년 하반기인 사실을 위의 샌드박스 월봉 차트를 통해 확인해 볼 수 있다.

2) 알트코인 테마에 주목하라

알트코인 투자는 단기 투자에 적합하다. 비트코인이 크게 상승한 후에 시총이 낮은 알트코인에 투기성 자금이 몰리기 때문이다. 그리고 비트코인에 비해 알트코인은 내재가치가 더 불분명하기 때문에 대외적인 변수에 영향을 크게 받는다. 과거 반감기 사이클 동안 실제로 알트코인 불장기는 4~5개월로 짧았다. '코인과 사랑에 빠져서는 안 된다'는 말이 있는데, 이는 알트코인에 대한 기술력이나 향후 전망이 너무 부풀려진 것이 아닌지 항상 경계하며 투자하라는 의미다.

주식이 그러하듯 알트코인도 테마가 있다. 예를 들어 블록체인을 통해 응용 서비스를 제공하는 플랫폼 테마에 속하는 코인들이 있는데, 이 테마에는 수이SUI, 니어프로토콜NEAR, 세이SEI 등이 있다. 또 게임 및 활동을 뜻하는 X2E 테마가 있는데, 이에 해당하는 코인은 보라BORA, 엑스플라XPLA, 갈라GALA, 엑시인피니티AXS, 플레이댑PLA 등이 있다. 분산형 클라우드에는 스토리지STORJ, 파일FIL 등의 코인이, 블록체인 기반 신원인증 솔루션인 DID 테마에는 메디블록MEDI, 메타디움META 등이 있다. 이 밖에도 많은 테마와 코인이 있는데 코인니스(coinness.live/market/theme) 사이트를 방문하면 이를 확인해 볼 수 있다.

코인은 테마별로 가격이 같이 움직이는 경우가 많다. 블록체인 기술은 실생활에 응용하여 접목될 수 있고 접목되는 분야에 따라서 관심받는 테마가 다르기 때문이다. 따라서 특정 코인 가격이 크게 상승했다면 이와 같은 테마의 다른 코인도 관심을 받을 가능성이 크다. 코인니스에는 테마별로 기간별 상승률 정보를 제공하고 있으니 상대적으로 관심을 많이 받는 테마와 아직 관심을 받지 못한 테마를 살펴볼 수 있다.

테마별 코인분류 및 상승률

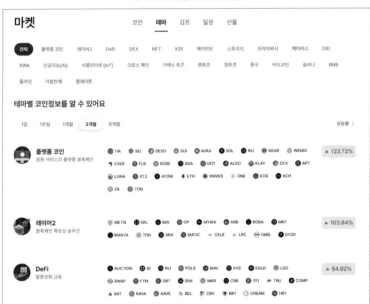

출처 코인니스(coinness.live/market/theme)

3) 알트코인 투자자 공시 또는 뉴스에 집중하라

알트코인은 누가 투자하였는지에 민감하다. 대기업이 코인 프로젝트에 투자나 협업하게 되었다는 뉴스가 나오면 가격이 크게 상승한다. 또는 누구나 알만한 투자회사나 벤처투자기업이 알트코인에 투자한다는 뉴스는 그 자체가 호재다. 알트코인 자체가 비트코인에 비해서 시총이 현저히 낮고, 일반인들이 이해하기 힘든 기술들과 불확실성으로 가득하기 때문

코인 호재 일정

출처 코인마켓컬 (coinmarketcal.com)

이다. 믿을만한 투자자의 등장은 대상 알트코인의 신뢰도를 확실히 올려
줄 수 있다. 하지만 이 모든 것의 대전제는 앞에서 설명했듯이 비트코인
상승이 있고 사회 전반적으로 블록체인 기술 또는 코인에 대한 관심이 커
질 때임을 다시 한번 강조한다.

알트코인 투자자 입장에서는 믿을만한 투자자 뉴스를 누구보다 먼저
알아채어 저가에 매수해 둔다면 큰 수익을 거둘 수 있는데, 투자자를 위한
공시 및 뉴스를 정리해둔 사이트도 있으니 이를 활용해 봐도 좋을 것이다.
코인마켓컬(coinmarketcal.com) 사이트는 앞으로 있을 코인 호재 일정 및 코
인 호재에 대한 유저의 반응을 살필 수 있다. 쟁글Xangle 사이트에서는 개별
코인을 검색해 코인 별 공시자료와 분석자료 및 일정 등을 확인할 수 있다.

쟁글 리서치 화면

출처 쟁글 (https://xangle.io/research)

2021년 2월 당시 업비트에 상장되어 있던 페이코인PCI이 국내 결제대행업체인 '다날'과 관련 있다는 뉴스가 나오면서 하루에만 2,000% 상승하는 상상하기 힘든 수익률을 기록하였다. 첫째, 코인시총이 낮고 둘째, 블

페이코인 다날 관련 기사

출처 네이버 기사 https://www.wowtv.co.kr/NewsCenter/News/Read?articleId=A202102240121&t=NN

페이코인 차트 그래프(2021년 2월 참고)

출처 코인마켓캡 (https://coinmarketcap.com/currencies/payprotocol/)

록체인을 통한 결제라는 테마가 당시 유행이었고 무엇보다 셋째, 다날이라는 국내의 유명 기업과 관련 있다는 뉴스가 코인 투자자의 투자심리를 자극하였기 때문이다.

4) 정부 정책 및 사업 공고문을 미리 살펴보라

2021년 3월, 블록체인 기반 신원인증^{DID} 사업 공고문이 조달청 홈페이지에 나왔다. 공고문 홈페이지 등록일은 3월 17일이었으며 제안서 평가일은 4월 2일이었다. 이 기간 각종 커뮤니티에는 DID 관련 코인이 무엇이 있는지 선정 가능성이 있는 코인은 무엇인지에 대한 얘기로 화젯거리가 되었다.

DID 테마로 묶인 코인들은 많은 관심을 받으며 짧은 기간 동안 4,5배의 엄청난 상승률을 보여주었다. 구체적으로 메디블록 코인은 3월 17일부터 제안서 평가일인 4월 2일, 약 보름 남짓한 기간 동안 60원에서 400원까지 약 6배 이상 올랐다. 관련 뉴스를 누구보다 먼저 접하고 미리 분석한 사람은 큰 수익을 거둘 수 있었을 것이다.

2024년 현재, 국내 가상자산 시장의 특징은 기관 플레이어가 없다는 점이다. 따라서 그 사업과 밀접한 관계인을 제외한 대다수는 정보의 접근에 있어 공평해 보인다. 주식시장은 개인이 뉴스에 접근하기 전에 발 빠른 기관이 먼저 정보를 선점하는 일이 다반사인데 비해, 코인 시장은 기관의 관심이 덜 하다 보니 일반 개인도 열심히 정보를 찾으면 그만큼 결실을 볼 수 있는 시장으로 여겨진다.

DID 사업 공고문

(재공고) 분산ID 생태계 활성화 방안 연구

담당자	블록체인확산팀 박소현	전화	061-820-1854	이메일	✉	등록일	2021-03-17

조회	1966

****

본 입찰은 KISA전자계약시스템을 이용한 전자입찰 대상으로 전자입찰서는 반드시 KISA 전자계약시스템(https://cont.kisa.or.kr)에 접속하여 인터넷으로 제출하여야 하며, 전자계약을 실시합니다.

제출된 서류의 누락 및 오제출, 증빙기간만료 등의 오류가 있을 경우 입찰 부적격 처리 됩니다.

접수마감 기한 경과시 전자계약시스템이 자동마감 되며, 마감시간에 임박하여 접수할 경우 시스템 사용 미숙에 따른 오류, 입찰등록 집중으로 인한 시스템 장애 등이 발생할 수 있으니 가급적 1~2일 전부터 여유를 갖고 접수하시기 바랍니다.

****

1. 입찰에 부치는 사항

관리번호	계 약 건 명	등록마감일시	제안서평가일(예정)	입찰방법
제2021-064호	분산ID 생태계 활성화 방안 연구	2021. 03. 31.(수) 14:00까지	2021. 04. 02.(금) 오전10:00 부터 (온라인 평가)	제한경쟁입찰

※ 제안서평가 일정 및 진행 방법(오프라인 또는 온라인) 등은 본원의 사정에 따라 제안서 제출자에게 공지 후 변경될 수 있으며, 입찰참가 등록 마

메디블록 코인 차트

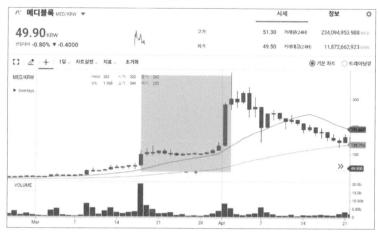

국가 블록체인 용역 공고문

위의 이미지와 같이 나라장터 홈페이지에 블록체인이라고 검색만 해봐도 2024년 국가에서 지원하는 사업들의 공고문을 검색해 볼 수 있다. 위의 공고문을 검색해서 과업지시서 또는 상세 공고서를 살펴보라. 국가의 블록체인 지원 예산 및 관심 테마를 미리 익힐 수 있고, 알트코인 투자의 방향을 잡을 수 있다.

5) 소문에 사고 뉴스에 팔아라

'소문에 사고 뉴스에 팔아라'라는 격언은 코인 시장에도 적용된다. 일명 '도지파더'라 불리던 일론 머스크가 2021년 4월 28일, 자신의 '트위터'에 미국 유명 코미디쇼 '세터데이나이트SNL' 출연 소식을 알렸다. 당시 일론 머스크가 도지코인DogeCoin, DOGE을 종종 언급하였고 언급할 때마다 도지코인 가격이 크게 올랐기에 유명 방송 출연 사실은 도지코인 가격 상승에 대한 기대감을 갖게 하였다. 당시 각종 코인 커뮤니티에서는 테슬라 차량을 도지코인으로 결제하게끔 한다는 등의 도지코인에 대한 장밑빛 전망을 내놓는 이야기들로 넘쳐났다. 실제로 방송 출연 언급 시점부터 일론

도지코인 차트

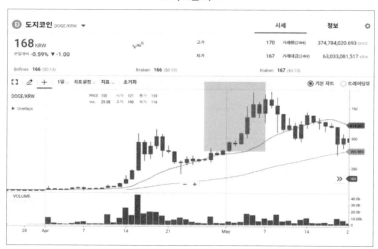

출처 업비트

머스크가 출연하기로 한 5월 8일까지 도지코인은 350원에서 780원으로 약 두 배 넘게 상승하였다. 하지만 SNL 출연 이후 가격은 하락하였다.

일론머스크 SNL 출연과 도지코인 관련 뉴스

출처 제민일보 (www.jemin.com/news/articleView.html?idxno=716721)

비트코인 차트

출처 업비트

비트코인 ETF 승인 관련 기사

출처 중앙일보(https://www.joongang.co.kr/article/25223201#home)

최근 비트코인 ETF 사례를 참고해도 좋을 듯하다. 2023년 하반기는 비트코인 현물 ETF 이슈로 뜨거웠다. 세계 최대 자산운용사인 블랙록이 2023년 6월 12일 현물 ETF를 신청했고 피델리티, 아크인베스트 등 주요

자산운용사들도 현물 ETF를 신청했다. 현물 ETF가 승인이 될 수도 있다는 소문과 기대감으로 2023년 하반기 가격은 급등했다. 블랙록이 현물 ETF 승인 신청을 할 때 당시 3,400만 원에서 6,600만 원까지 올랐다. 하지만 정작 2024년 1월, ETF 승인 발표가 나고서는 고점 대비 15% 이상 하락하였다.

6) 최초 상장된 알트코인은 물량 공시에 유의하라

쟁글에 공시된 네오핀 코인의 토큰 유통량 공시 내용

향후 6개월간 월간 최대 토큰 유통량 공지

공시 작성일 2022-03-02 09:20 (Asia/Seoul - GMT+09:00)

1. 주제 직접 번역

향후 6개월간 월간 최대 토큰 유통량 공지

1. Subject

Token Circulation Announcement for the next 6 months

2. 적용 일자

2022-03-01 ~ 2022-08-31

3. 상세정보 직접 번역

1. 유통 정책
- 네오핀 토큰에 대한 월간 최대 유통량에 대해서 공시합니다.
- 네오핀은 생태계가 확장될 때마다 유통량이 늘어나는 구조로 설계되어 있습니다.
- 네오핀 토큰(NPT)의 안정적인 가치 유지를 최우선으로 하고 있습니다.

2. 향후 6개월간 월간 최대 유통량

2022년 3월 : 11,317,219
2022년 4월 : 12,809,706
2022년 5월 : 18,751,061
2022년 6월 : 19,371,727
2022년 7월 : 26,673,040
2022년 8월 : 28,404,476

※ 해당 유통 물량은 월간 최대 유통량을 기입한 것으로, 최대치를 초과하지 않습니다.
※ 상기 유통계획은 상장이나 게임 출시, 이벤트 등의 마케팅 활용 수량이 전부 포함된 수치 입니다.

출처 쟁글 홈페이지 (xangle.io/project/NPT/recent-disclosure/6218d3ee2d117c67a011f916)

코인 시총은 유가시장의 주식 시총과 마찬가지로 그 코인의 진정한 가치라고 볼 수 있다. 코인 시총은 P × Q, 즉 가격과 물량의 곱으로 결정되며, 여기서 물량은 보통 발행 예정 전체 물량이 아닌 그 시점의 유통 물량이 기준이 된다. 코인 가격은 코인 거래소에 접속하면 실시간으로 확인할 수 있으며, 유통 물량 및 발행 예정 물량은 코인의 정관인 백서에 명시되어 있거나 실시간 공시 사이트인 쟁글^{Xangle}을 통해 확인할 수 있다.

네오핀 코인 상장 후 가격 추이

출처 빗썸 (www.bithumb.com/trade/order/NPT_KRW)

물량을 볼 때 특히 주의할 점은 현재 유통 물량뿐 아니라 발행 예정 물량의 양과 시기도 미리 파악해 두어야 한다는 것이다. P × Q =코인 시총 (코인 가치) 공식에서 코인 시총이 일정하다고 가정하면, 코인 물량의 추가 유통은 기존 물량의 가치를 희석시키는 효과를 가지게 된다. 특히 거래소에 최초 상장된 코인은 상장 직후 유통 물량이 전체 발행 예정 물량의 3% 내외인 경우가 많다. 따라서 상장 후 몇 개월 내에 추가로 3%의 물량이 유통된다면 전체 물량 중 일부로 보일 수 있지만 기존 물량만큼 추가로 유통되는 꼴이 되어 가격이 크게 내려갈 가능성도 있게 된다.

　실제로 네오위즈에서 만든 네오핀 코인의 경우 상장 당시 물량의 2배가 넘는 물량이 2022년 말까지 유통될 예정이라고 공시되었으며 상장 후 가격이 지속적으로 하락하였다. 물론 유통 물량의 추가 발행(흔히 '락업 해제'라고 표현하기도 한다)이 가격에 미치는 절대적인 요소는 아닐 수 있다. 하지만 부정적 영향을 주는 것만은 분명하니 주의가 필요하다.

　과거 예고 없는 '코인대량 매도'로 위믹스 코인WEMIX이 논란의 중심에

코인 기습매도에 대한 위메이드 반박 기사

출처 매일경제(www.mk.co.kr/news/it/view/2022/01/35157/)

선 적이 있다. 1만 원 선을 지키던 위믹스는 논란이 불거지고 4,000원 선까지 떨어졌다. 이후 밝혀진 사실에 따르면, 위믹스의 발행사인 위메이드가 코인 발행 시점인 2020년 말부터 꾸준히 위믹스 물량을 매도한 것으로 확인되었다.

주식시장은 코인 발행에 대응되는 증권 발행은 주주의 의사결정 기구인 이사회나 주주총회의 의결을 통해 결정되며, 이는 공시된다. 하지만 코인은 법적 제도적 장치가 미비하여 코인 발행 계획을 백서에 명확히 명시해 놓지 않는다면 코인 발행사가 명시한 부분 외의 물량에 대해서는 임의대로 발행할 수 있다. 앞서 얘기했듯, 코인의 가치를 나타내는 코인 시총은 코인 유통물량과 코인 가격의 곱으로 결정되므로, 예고 없는 코인 추가 발행은 기존 홀더에게 손실을 끼칠 수 있다. 따라서 코인 백서의 다른 부분은 가볍게 지나가더라도 코인 유통 계획 부분은 꼭 확인해 봐야 한다.

7) 같은 테마로 묶인 코인들의 시총을 비교하라

유가시장 시총은 회사의 역량, 경영진의 능력, 회사의 이미지, 과거 성과, 미래 성장성 등을 종합적으로 담아낸 것이라고 볼 수 있다. 이를 코인에 대입하면 코인 시총은 그 코인의 전반적인 가치를 뜻한다고 하겠다.

유가시장은 시장의 정보들이 빠르게 유통되어 시총에 즉각 반영되는 경우가 많다. 하지만 코인 시장은 아직 시장 참여자들이 개인이고 가치 평가 방법도 정립이 되지 않아 코인 시총에 반영되는 속도가 느리다. 아래의 표는 20222년 상반기 같은 X2E 테마(게임 관련) 코인인 엑시인피니티와 위믹스 코인의 시총을 비교해둔 것이다.

X2E 테마 코인 비교

회사명(2021년 10월 기준)	위메이드	스카이마비스
코인명	위믹스	엑시인피니티
게임명	미르4	엑시인피니티
주요 시장 | 게임 흥행 여부	동남아 | 흥행	동남아 | 흥행
코인시총	약 2,000억 원	9조 원
평가	저평가	고평가

스카이마비스에서 개발한 엑시인피니티는 다마고치, 포켓몬을 섞어놓은 듯한 블록체인 기반 X2E 게임이다. 보통 블록체인 게임 유저는 게

엑시인피니티 게임

출처 스카이마비스 홈페이지(www.skymavis.com)

미르 4

출처 네이버 검색
https://search.naver.com/search.naver?sm=tab_hty.top&where=nexearch&ssc=tab.nx.all&query=%EB%AF%B
8%EB%A5%B44+&oquery=%EB%AF%B8%EB%A5%B44+%EB%B8%94%EB%A1%9D%EC%B2%B4%E
C%9D%B8&tqi=iNE1zdqVOsVssLCTvHlsssssstG-249328

임 플레이를 통해 얻은 코인을 현금화해 수익을 거둘 수 있고 또 게임 내 대체 불가능한 토큰Non-Fungible Token, NFT이라는 자산을 취득하여 이를 높은 가격에 판매하여 수익을 거둘 수 있다.

위메이드에서 개발한 미르4는 2021년 8월, 엑시인피니티와 마찬가지로 블록체인을 활용해 글로벌 시장에 진출했다. 전 세계 170여 개국에 선보인 미르4 글로벌 버전은 오픈 당시 준비한 서버 대부분이 혼잡 상황을 보일 만큼 흥행하였다. 마찬가지로 게임 플레이를 통해 얻은 코인을 현금화해 수익을 거둘 수 있고, 대체 불가능한 토큰을 통해서도 수익을 거둘 수 있다. 모바일 인덱스(www.mobileindex.com/mi-chart/daily-rank) 차트를 보면, 2021년 하반기 동남아에서 미르4가 얼마나 흥행하였는지 알 수 있다.

미르4 필리핀 매출 순위(파란색 선)

출처 모바일인덱스(www.mobileindex.com/mi-chart/daily-rank)

X2E 테마 코인 비교

회사명(2021년 10월 기준)	위메이드	스카이마비스
코인명	위믹스	엑시인피니티
게임명	미르4	엑시인피니티
주요 시장 | 게임 흥행 여부	동남아 | 흥행	동남아 | 흥행
코인 시총(원)	약 2,000억	9조
평가	저평가	고평가

다시 표를 참고하면 2021년 10월, 같은 테마에 게임 설계도 유사한 두 코인의 시총이 현격히 차이 나는 점을 발견할 수 있다. 엑시인피니티가 필리핀 등 동남아에서의 흥행을 바탕으로 시세가 크게 올랐듯, 위믹스 코인 가격도 언젠가 상승을 타는 것은 어찌 보면 당연한 결과였다.

다음 페이지의 차트를 살펴보면, 위믹스 2021년 하반기 가격 차트로 실제로 1,000원 이하였던 위믹스 코인 가격이 연말에 약 30배나 오르는 것을 볼 수 있다. 코인은 가치 평가 방법이 적립되지 않은 덜 개발된 시장이

[참고] NFT는 가상화폐로 거래할 때 해킹을 막기 위해 블록체인 기술이 쓰인다. NFT는 블록체인 기술로 고유한 인식 값을 부여해 디지털 세상에서 구매자의 소유권을 증명받을 수 있다.

비트코인 10억 간다

기에, 적절한 감과 분석기법이 바탕이 된다면 상상할 수 없이 많은 수익을 거둘 수도 있다. 다가올 반감기와 알트코인 불장기에 위믹스 사례와 같은 기회가 다시 찾아올 수도 있게 된다.

위믹스 코인 차트

출처 빗썸(www.bithumb.com/trade/order/WEMIX_KRW)

8) 스캠코인에 주의하라

사실과 다른 내용으로 투자자를 현혹시켜 투자금을 유치하는 행위를 '스캠'이라 하고, 이때 발행하는 코인을 '스캠코인'이라고 한다. 스캠코인은 크게 세 분류로 나뉜다.

첫째, 처음부터 사기를 목적으로 만든 것이 이에 속한다. 실현이 불가능한 목표를 해결할 수 있는 기술이나 정보가 있다며 고수익을 보장하는 것들이 대게 이 부류로 ICO를 통해 자금이 모금되면 곧바로 잠적한다.

둘째, 사기를 목적으로 하는 점은 초보 수준 스캠과 같지만 ICO를 한 후 거래소에 상장을 한다는 점이 다르다. 일반 투자자들은 상장된 코인에 대한 신뢰가 높은 편인데, 자금을 유치한 측은 상장 후 시세조작으로 막대한 차익을 거둔 다음 사라진다.

셋째, 자금 유치자가 처음부터 사기를 목적으로 했다기보다는 추진 과정에서 백서대로 실현이 불가능하거나 수익성이 떨어져 중도에 개발 계획을 내부적으로 포기한 코인이 이에 속한다.

우리나라는 ICO를 전면적으로 금지해서 거래소 상장 전 코인을 사는 것은 국외를 통하지 않고는 어렵다. 따라서 첫째 종류의 스캠코인은 많이 없어진 상태다.

'최대 무기징역'...코인 시세조종 '엄벌'

입력 2024.02.08 08:22 | 수정 2024.02.08 08:22

가 f X 💬 ⋯

🔊 기사듣기 ⚙️

7월 19일부터 가상자산이용자보호법 시행
시세조종이나 부정거래, 미공개 중요정보 이용 행위 일체 금지
부당이득액 50억 이상이면 최대 무기징역
2배에 상당하는 과징금도 부과

출처 한국경제 https://magazine.hankyung.com/business/article/202402082870b

둘째의 경우도 2024년 7월, 가상자산 이용자보호법이 시행되어, 의도적인 시세조작 행위를 강력하게 금지하고 있다.

우리가 특히 유의해야 할 점은 셋째 스캠코인이다. 이는 사기를 목적으로 만든 코인이라기 보다는 중도에 수익성 등의 이유로 개발이나 사업을 포기한 것이다. 이러한 스캠 코인을 조심하기 위해서는 다음의 사항을 항상 점검해야 한다.

[SNS 활동 여부 점검]

코인재단 공식 트위터나 텔레그램 채널 등을 통해 프로젝트 소식과 공지가 여러 개월 올라오지 않는다면 스캠코인일 가능성이 크므로 투자를 조심해야 한다. 업비트, 빗썸 거래소 측에서도 재단의 활동 여부를 지속적으로 체크하며 기준 미달 시 거래 지원 종료를 하는 등의 조치를 취하고 있다.

[이즈 디스 코인 스캠(isthiscoinascam.com) 조회]

스캠이 의심되는 코인을 검색하면 웹사이트에서 자체 기준에 의거, 점수 및 등급 등을 제공한다.

이더리움을 필두로 한
레이어1 경쟁 + 레이어2(롤업)

지금까지 거시경제, 비트코인과 알트코인 투자 시 참고할 만한 내용에 대하여 알아보았다. 앞으로는 조금 더 구체적으로 레이어1, 레이어2 그리고 주요 섹터 등에 대해서 설명하겠다.

1) 블록체인 트릴레마

가상자산과 블록체인의 채택이 증가하며 사용자 수와 거래 빈도가 늘어나고 있다. 블록체인은 지속적으로 혁신되고 있지만, 증가하는 수요에 따라 필요한 시스템의 확장성은 항상 과제였다. 이는 블록체인 트릴레마 Blockchain Trilemma로 불리는데, 분산형 시스템이 동등하게 높은 수준의 탈중앙화, 보안 및 확장성을 동시에 달성하는 것이 사실상 불가능하다는 것을 말한다. 따라서 현재 블록체인은 기능을 위해 기본 속성 중 하나를 희생해야 한다. 예를 들어 비트코인은 탈 중앙화와 보안을 최적화했지만, 확장성에는 한계가 있었다.

이러한 점에서 레이어1과 레이어2에 대한 논쟁은 블록체인 산업계에서 중요한 주제이고 항상 이슈화되고 있다. 하지만 대부분의 투자자들은 운용되고 있는 블록체인과 가상자산이 많기 때문에 그것이 레이어1 체인을 사용하고 있는지 혹은 레이어2 체인을 사용하고 있는지 모르는 경우가 많을 것이다. 이해를 돕기 위해 레이어1과 레이어2가 무엇인지 간단히 살펴보겠다.

블록체인 트릴레마

출처 본인 작성

2) 블록체인 네트워크의 기초, 레이어1

비트코인, 이더리움과 같이 블록체인 아키텍처의 기본이 되는 토대 네트워크를 레이어1이라고 한다. 이더리움 외에도 수수료가 더 싸고 빠른 레이어1 네트워크들이 많이 있다. 솔라나SOL, 아발란체AVAX, 카르다노 ADA, 폴카닷DOT 등이 비트코인과 이더리움의 확장성 문제를 활용해 두각을 나타내고 있는 대표적인 레이어1 프로젝트들이다. 이들은 가끔 레이어0으로 분류되기도 한다. 실제로 이들을 이용해 보면 굉장히 빠르고 편리하지만, 이더리움이 플랫폼 블록체인에서 선두를 달리고 있기 때문에, 여전히 많은 블록체인 프로젝트들은 이더리움 네트워크를 활용하고 있다.

레이어1 블록체인별 비교

L1블록체인별 비교

블록체인	이더리움	솔라나	아발란체	카르다노	폴카닷	아비트럼
최대 TPS	15	65,000	4,500	250	파라체인 별로 1,000 TPS (총 100개 파라체인 연결 가능)	100~500
트랜잭션 수수료	$20 ~ $200	$0.00001 ~ $0.00025	$0.03 ~ $3	$0.3 ~ $0.6	~$0.45	$0.02 ~ $2
지연 시간	<10초	<0.4초	<1초	20초	12~60초	<1초
컨센서스 메커니즘	PoW	PoS	PoS	우로보로스 PoS	하이브리드 (BABE+GRANDPA)	PoS
대표 지원 언어	Solidity Vyper	Rust	Solidity Go	Haskell Plutus	Rust C/C++ Go	Solidity

Xangle

출처 한국경제 쟁글 리서치, (xangle.io)

솔라나의 경우 2022년 FTX 붕괴 이후 엄청난 크립토 윈터를 맞이하였지만, 2023년 급격한 회복세를 보였다. 신제품 출시, 온체인 유동성 급증, 개발자 도구의 광범위한 가용성 확대를 통해 호황을 맞이하였다. 특히 솔라나 기반 밈코인이 다양하게 출시되었는데, 낮은 거래비용과 빠른 속도로 리테일의 관심을 끌며 솔라나의 생태계를 구축할 수 있었다.

이더리움 ETF 승인 이후 다음 알트코인 ETF에 대한 관심도 매우 높은 상황이다. 2024년 6월 28일, 반에크가 솔라나 ETF 출시를 신청하며 솔라나 가격이 상승한 바 있으며, 2024년 10월 카나리캐피털이 솔라나 현물 ETF 뿐만 아니라 리플XRP, 라이트코인LTC 현물 ETF도 증권거래위원회에 승인 신청을 해둔 상태이다. 동시에 그레이스케일이 보유하고 있던 라지캡펀드(비트코인, 이더리움, 솔라나, 리플, 아발란체 등 포트폴리오로 구성)를 ETF로 전환하기 위한 신청서가 접수된 상태이며, 아마도 도널드 트럼프 정권 집권 이후 승인될 가능성이 높다고 예상된다.

비트코인 ETF, 이더리움 ETF와 관련되어 신빙성 있는 정보를 제공했던 블룸버그 ETF 전문 애널리스트 제임스 세이파트James Seyffart는 "BTC, ETH 외 다른 디지털자산 ETF가 미국 내 승인을 받기까지 갈 길이 멀었다"라고 말했다. 그렇지만 그는 "솔라나가 차기 ETF로 가장 적합하고, 미국 대선이 또 다른 알트코인 ETF의 가능성에 긍정적인 영향을 미칠 수 있다. 이로 인해 프로세스가 가속화될 수는 있겠지만, 또 다른 알트코인 ETF는 몇 달에서 몇 년이 소요될 수 있다." "솔라나 ETF가 2025년 1분기에 승인될 가능성이 있다"고 밝혔다.

미국 증권거래위원회는 2024년 1월, 비트코인 ETF를 승인한 데 이어, 2024년 6월 여러 건의 현물 이더리움ETH ETF 검토 절차를 진행하였고, 2024년 7월, 이더리움 현물 ETF가 출시되었다. 증권거래위원회의 이더리움에 대한 태도 변화 이후, 여러 분석가들은 ETF 발행사들이 다른 알트코인 ETF 출시를 추진할 가능성이 크다고 전망하였고, 분명 그 가능성은 더욱 커지고 있다고 생각한다.

아크 인베스트의 CEO이자 CIO인 캐시 우드Catherine Wood는 주요 금융기관들이 새로운 ETF를 추진할 때 솔라나를 중요한 대상으로 삼을 것이라고 말했고, 프랭클린 템플턴Franklin Templeton은 솔라나의 성장을 칭찬하며 알트코인 펀드 출시를 암시하기도 했다. "솔라나의 강력한 활용 사례로 보고 있다"며, 2023년 4분기 동안 솔라나에서 활동이 증가한 DePIN(디핀), 디파이DeFi, 밈 코인, NFT, 파이어댄서Firedancer를 언급한 바 있다.

코인셰어스CoinShares는 헤지펀드와 자산 관리자들 사이에서 알트코인 보유량이 크게 증가했다고 보고했으며, 특히 솔라나에 대한 관심이 증가하고 있다고 전하였다. 21.co의 공동 창업자이자 회장인 오펠리아 스나이더Ophelia Snyder는 유럽 거래소에서 약 9억 9,000만 달러의 솔라나 ETPExchange-Traded Product 자산을 관리하고 있다고 밝힌 바 있다.

이렇듯 다양한 금융기관에서 비트코인, 이더리움, 솔라나를 비롯한 가상자산 ETF에 대한 관심이 높다. 따라서 비트코인 ETF 승인에 한 몫 한 블랙록과 다른 운용사의 다른 알트코인 ETF 신청에 대한 움직임이 있는지 잘 살펴보면 좋을 것 같다. 뭐든 처음 한 번이 어렵고 두 번, 세 번은 그보다 난도가 더 쉽다. 비트코인 ETF, 이더리움 ETF 승인을 통하여 증권거래위원회 내부적으로 가상자산 현물 ETF에 대한 가이드라인이 구축하였을 것이고, 이후 새로운 가상자산에 대해서는 보다 쉽게 적용할 수 있을 것이다. 동시에 레이어1 가상자산의 ETF 승인 여부를 관심 있게 살펴보고, 이후에 레이어2까지 확장되는지 지켜보면 좋을 것 같다.

3) 확장성을 해결하자, 레이어2

레이어2는 다른 블록체인 위에 구축된 네트워크를 의미한다. 비트코인이 레이어1이라면, 그 위에서 실행되는 라이트닝 네트워크는 레이어2의 예라고 볼 수 있다. 트래픽이 많은 비트코인 네트워크는 거래를 처리하는 데 몇 시간이 걸릴 수도 있다. 그렇지만 라이트닝 네트워크를 활용하면 그 시간을 대폭 줄이게 된다. 그 이유는 라이트닝 네트워크를 활용하여 보다 빠르게 결제하고, 결과는 추후에 메인 블록체인인 비트코인으로 보고되는 형태로 진행되기 때문이다. 즉, 트랜잭션을 하나의 최종 레코드로 묶는 구조를 통해 시간과 리소스를 절약하는 것이다.

블록체인 네트워크 확장성 개선은 레이어1 솔루션과 레이어2 솔루션으로 분류할 수 있다. 레이어1 솔루션은 블록체인의 규칙과 메커니즘을 직접 변경하지만, 레이어2 솔루션은 외부 병렬 네트워크를 사용하여 메인 체인 외부의 트랜잭션을 촉진한다는 차이가 있다.

블록체인 확장성의 중요성에 관해 이를 고속도로에 비유해 보겠다. 주요 도시와 빠르게 성장하는 교외 지역 사이에 새로운 고속도로가 건설되고 있다고 상상해 보자. 고속도로를 통과하는 교통량이 증가하고 혼잡이 일반화됨에 따라 이동하는 평균 시간이 크게 늘어날 수 있다. 많은 사람들이 고속도로를 통해 더 빠르게 이동할 수 있는 방안에는 크게 2가지가 있다.

첫째, 도로 양쪽에 차선을 추가로 만들어 고속도로 자체를 확장하는 것이다. 그렇지만 이는 기존에 고속도로를 이용하는 사람들에게 큰 불편함을 초래하고, 비용의 문제가 있기 때문에 효율적인 방안은 아니다.

둘째, 해당 고속도로 외 추가 도로를 건설하거나, 고속도로를 따라 지하철 또는 경전철 노선을 개설하는 등 기존의 인프라를 건드리지 않고 개선하는 방안이다. 물론 추가적인 비용은 들겠지만, 기존의 고속도로는 건드리지 않고 개선할 수 있다는 장점이 있다.

블록체인 세계에서 기존의 고속도로는 레이어1(메인 네트워크)이고, 추가 도로 또는 지하철은 레이어2(전체 용량을 향상하게 하기 위한 보조 네트워크)에 해당한다고 볼 수 있겠다.

4) 레이어1 확장 솔루션, 하드포크ㅣ소프트포크ㅣ샤딩

비트코인과 이더리움은 확장성에 어려움이 있는 대표적인 레이어1 네트워크이다. 둘 다 분산 합의 모델을 통해 네트워크를 보호하고 있는데, 이는 모든 거래가 검증되기 전에 여러 노드에 의해 검증된다는 의미다. 이는 악의적인 행위자의 공격 위험을 완화하면서, 정확하고 검증된 데이터를 블록체인에 기록하고 기록하는 효율적인 방법이다. 그러나 이더리움이나 비트코인과 같이 수요가 많아지면, 처리 양이 계속적으로 증가하는 문제가 생긴다. 네트워크 정체 시 사용자는 확인 시간이 느려지고 거래 수수료가 높아져 불편을 겪게 된다. 이에 처리 양과 전체 네트워크 용량을 늘릴 수 있는 레이어1 블록체인에는 여러 가지 옵션이 있다. 작업 증명PoW을 사용하는 블록체인에서 지분증명PoS으로의 전환은 처리 비용을 줄이면서 초당 TPS를 늘리는 옵션이 될 수 있다.

소프트포크와 하드포크

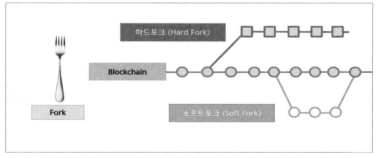

출처 하나금융투자

레이어1 확장 솔루션은 네트워크를 하드포크하거나 소프트포크하는 방법이 있고, 네트워크 처리 양을 늘리는 또 다른 옵션에는 샤딩이 있다. 하드포크는 서로 다른 프로토콜을 가지는 블록체인을 새로 시작하는 것을 의미하고, 소프트포크는 기존의 프로토콜을 업그레이드하는 것이다. 샤딩은 가장 인기 있는 레이어1 확장 솔루션 중 하나다. 샤딩은 전체 블록체인 네트워크의 상태를 '샤드Shards'라고 하는 별도의 데이터 집합으로 분할하는 과정을 말한다. 여러 개의 작은 섹션으로 분할을 통해 블록체인 작업을 순차적이 아닌 동시에 데이터를 처리할 수 있게 된다.

레이어1 가상자산의 경우 플랫폼 코인으로 불리기도 한다. 이더리움의 상대적으로 느린 속도와 비싼 거래 수수료로 인하여 다양한 레이어1 가상자산이 급부상하였다. 이더리움, 솔라나, 아발란체, 카르다노, 폴카닷, 니어프로토콜, 알고랜드 등이 대표적이다. 최근에는 셀레스티아, 세이, 수이, 앱토스 등이 시장에서 이슈가 되고 있다. 가상자산 테마는 코인니스, 코인마켓캡, 코인게코 등의 사이트뿐만 아니라 업비트, 빗썸, 코인원, 코빗 등의 거래소에서도 구분하여 찾아볼 수 있다.

레이어1 가상자산 테마

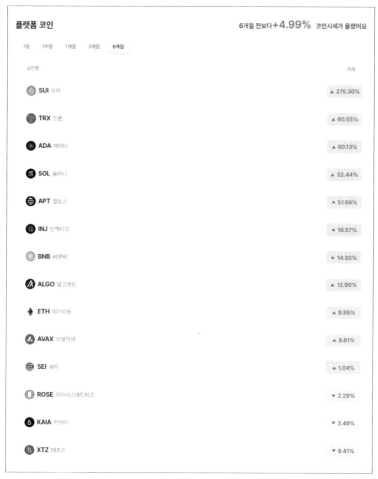

플랫폼 코인　　　　　　　　　　　6개월 전보다+**4.99%** 코인시세가 올랐어요

1일　1주일　1개월　3개월　**6개월**

코인명	가격
ⓢ SUI 수이	▲ 275.30%
ⓣ TRX 트론	▲ 60.55%
ⓐ ADA 에이다	▲ 60.13%
ⓢ SOL 솔라나	▲ 52.44%
ⓐ APT 앱토스	▲ 51.66%
ⓘ INJ 인젝티브	▲ 16.57%
ⓑ BNB 비엔비	▲ 14.92%
ⓐ ALGO 알고랜드	▲ 12.90%
◆ ETH 이더리움	▲ 8.95%
ⓐ AVAX 아발란체	▲ 8.81%
ⓢ SEI 세이	▲ 1.04%
◎ ROSE 오아시스네트워크	▼ 2.29%
ⓚ KAIA 카이아	▼ 3.49%
ⓧ XTZ 테조스	▼ 9.41%

출처 코인니스, "https://coinness.com/market/theme" 코인니스 마켓 - 테마(coinness.com)

5) 레이어2 확장 솔루션, 롤업 ㅣ 사이드체인

레이어2 확장의 주요 목표는 블록체인 프로토콜 위에서 구동되는 네트워크나 기술을 사용하는 것이다. 블록체인 네트워크는 오프체인 프로토콜이나 네트워크의 도움으로 확장성과 효율성을 높일 수 있다.

레이어2 확장 솔루션은 기본적으로 블록체인 프로토콜의 트랜잭션 부하를 오프체인 아키텍쳐로 옮기는 방법을 사용하고, 오프체인 아키텍쳐는 전송된 트랜잭션의 최종 결과를 메인 블록체인에 통보한다.

레이어2의 장점에는 메인 블록체인인 레이어1의 성능이나 기능을 저하시키지 않는다는 점이 있다. 거래를 위해 사소한 검증 절차를 거치거나 불필요한 수수료를 지불하지 않기 때문에 여러 거래를 신속하게 실행할 수 있다.

레이어2의 단점은 블록체인 연결에 부정적인 영향을 미친다는 점이다. 현재 블록체인의 가장 중요한 문제 중 하나는 서로 다른 블록체인 간 상호 연결성이 부족하다는 것이다. 예를 들어 비트코인과 이더리움의 사용자 간 연결은 어렵다. 따라서 이러한 레이어2의 단점을 보완하기 위하여 다양한 솔루션이 제공되는데, 대표적으로 롤업과 사이드체인이 있다.

[롤업]

가장 일반적인 롤업은 영지식 롤업Zero-Knowledge Proofs이다. 이는 오프체인 레이어2 트랜잭션을 묶어서 메인 체인에 하나의 트랜잭션으로 제출하는 구조다. 해당 시스템은 유효성 증명을 사용하여 거래의 무결성을 확인한다. 자산은 브리징 스마트 컨트랙트를 통해 메인 블록체인에 보관되며, 스마트 컨트랙트는 롤업이 의도한 대로 작동하는지 확인한다. 이는 자원 집약도가 낮은 롤업의 이점과 함께 원래 네트워크의 보안을 제공한다.

[사이드체인]

사이드체인은 블록체인에 인접한 트랜잭션 체인으로 일반적으로 대량 거래에 사용된다. 사이드체인은 메인 블록체인과 독립적인 합의 메커니즘을 사용하며, 사용자는 속도와 확장성을 위해 사이드체인을 최적화할 수 있다. 사이드체인 아키텍처에서 메인 체인의 주요 역할은 전반적인 보안을 유지하고, 배치된 거래 기록을 검증하며, 분쟁을 해결하는 것이다. 사이드 체인의 트랜잭션은 참여자 사이 비공개가 아니라 블록체인에 공식적으로 기록되는 특징이 있으며, 사이드체인의 보안 침해는 메인 블록체인이나 다른 사이드체인에 영향을 미치지 않는다는 점이 있다. 레이어2 가상자산에는 옵티미즘, 아비트럼, 폴리곤, 디와이디엑스, 맨틀네트워크, 타이코 등이 있다.

레이어2 가상자산 테마

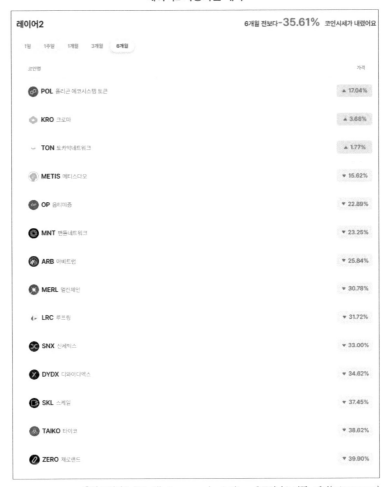

레이어2 6개월 전보다 **-35.61%** 코인시세가 내렸어요

1일 1주일 1개월 3개월 **6개월**

코인명	가격
POL 폴리곤 에코시스템 토큰	▲ 17.04%
KRO 크로마	▲ 3.68%
TON 토카약네트워크	▲ 1.77%
METIS 메티스다오	▼ 15.62%
OP 옵티마즘	▼ 22.89%
MNT 맨틀네트워크	▼ 23.25%
ARB 아비트럼	▼ 25.84%
MERL 멀린체인	▼ 30.78%
LRC 루프링	▼ 31.72%
SNX 신세틱스	▼ 33.00%
DYDX 디와이디엑스	▼ 34.82%
SKL 스케일	▼ 37.45%
TAIKO 타이코	▼ 38.82%
ZERO 제로엔드	▼ 39.90%

출처 코인니스, "https://coinness.com/market/theme" 코인니스 마켓 - 테마(coinness.com)

비트코인 10억 간다

6) 레이어0, 레이어3 및 종합 정리

지금까지 레이어1, 레이어2 위주로 살펴보았다. 하지만 블록체인에는 레이어0, 레이어3도 있으며, 이에 관해 간단히 알아보겠다. 레이어0은 블록체인 생태계의 중추를 구축하는 하드웨어 및 소프트웨어를 포함하는 기본 레이어를 뜻한다. 레이어0은 비트코인, 이더리움과 같은 레이어1이 원활하게 실행될 수 있도록 인터넷, 하드웨어 및 연결을 구성하는 블록체인의 초기 단계다. 즉, 레이어0은 블록체인을 위한 기본 인프라를 제공하는 툴이다. 레이어0의 예로는 폴카닷, 아발란체, 에이다, 코스모스 등이 있다.

레이어3는 블록체인 위에서 실행되는 탈중앙화 애플리케이션dApp이다. 스마트폰에 비유하면 모바일 애플리케이션으로 볼 수 있다. 레이어3는

구분	특징	설명	예시
레이어3	dApp	블록체인 위에서 실행되는 탈 중앙화 애플리케이션	메이커, 유니스왑, 디센트럴랜드 등
레이어2	확장, 속도 개선	다른 블록체인 위에 구축된 블록체인 네트워크	아비트럼, 옵티미즘, 폴리곤 등
레이어1	플랫폼, 블록체인	블록체인 아키텍처의 기본이 되는 토대 네트워크	비트코인, 이더리움, 솔라나 등
레이어0	네트워크, 데이터 전송, 채굴	블록체인 생태계의 중추를 구축하는 하드웨어 및 소프트웨어	폴카닷, 아발란체, 에이다, 코스모스 등

블록체인 기술을 위한 실제 애플리케이션을 제공하는 분산 애플리케이션이라고도 한다. 레이어3는 레이어1, 레이어2를 다룰 때 단순함과 편리함을 제공하고자 하며, 유동성 제공 애플리케이션 등 내부 블록체인 및 체인 간 운영 기능의 형태로 사용자 인터페이스 및 유틸리티를 제공한다.

이제까지 블록체인 레이어에 대하여 살펴보았다. 다음은 2024, 2025년에 유망하다고 판단되는 블록체인 섹터에 대하여 살펴보겠다.

게임, AI, RWA, 밈, DePIN
주요 섹터

1) 인공지능(AI) 섹터

2024년 초는 엔비디아를 비롯한 AI 관련 섹터가 각광을 받았다. AI 관련주가 뜨는 가운데 AI 관련 코인도 덩달아 관심을 받기 시작했다. 대표적인 코인이 챗GPT를 만든 오픈AI CEO 샘 올트먼^{Sam Altman}의 월드코인 프로젝트다.

월드코인은 '사람만이 가지고 있는 홍채를 인식해 사람임을 인증하도록 하겠다'는 목표를 가지고 있다. 앞으로는 점점 더 내가 대하는 상대가 사람인지 인공지능인지, 특정 콘텐츠가 사람이 만든 건지, AI가 만든 건지 구분하는 것이 쉽지 않아지기 때문이다.

AI의 발전으로 부가 일부에 몰리자 부유하지 못한 사람들을 위해 샘 올

AI 테마 관련 코인

출처 코인니스 (https://coinness.com/market/theme)

트먼은 사람마다 고유한 홍채 데이터와 블록체인 코인을 활용하여 기본
소득을 주고자 한다. 블록체인 기술은 은행 계좌가 없는 빈민국의 사람들
도 휴대폰을 통해 기본소득(코인)을 지급받을 수 있도록 돕는다.

엔비디아 주식 차트

출처 네이버 검색

월드코인 차트(주봉)

출처 https://www.bithumb.com/react/trade/order/WLD-KRW

엔비디아 차트와 월드코인 차트를 보면 일종의 패턴을 발견할 수 있다. 주식시장에서 관심을 받은 섹터는 동일한 테마의 코인 시세에도 영향을 준다는 것이다. 차트를 보면 2024년 1월, 엔비디아 주가가 오르는 동안 월드코인 가격은 주춤한 듯 보이지만 2월에 들어서는 월드코인 가격이 급등하는 것을 볼 수 있다.

특징
1 관심받는 시점 : 주식시장 〉 코인시장
2 가격 변동 폭 : 주식시장 〈 코인시장

주식시장이 먼저 관심을 받은 다음 코인 시장으로 그 관심이 이어지고, 엔비디아 상승, 하락 폭보다 월드코인 상승, 하락 폭이 훨씬 크다는 점 또한 알 수 있다.

코인 투자 시, 요즘 주식시장에서 어떤 테마가 핫한지와 관련 테마가 코인에도 있는지를 분석해 보는 것도 위의 사례를 통해 참고할 만하다. 추가로 관심을 가져볼 만한 AI 코인은 다음과 같다.

[싱귤래리티넷AGIX]

싱귤래리티넷은 단일한 AI 관련 적용 사례를 개발하는 데 집중하는 대신 마켓플레이스를 구축해 누구나 AI 서비스를 개발, 공유, 수익화할 수 있도록 지원한다. 마켓 플레이스의 거래는 싱귤래리티넷 네이티브 토큰 AGIX로 처리한다. AI 관련 개발자들은 싱귤래리티넷 덕분에 자신들이 개발한 AI 솔루션으로 프론트엔드 제품을 제작하지 않고도 수익을 창출할 수 있게 도움받는다. AI 섹터가 관심을 받으며 싱귤래리티넷 코인도 월드코인과 같이 가격이 상승했다.

싱귤래리티넷 코인 차트(일봉)

출처 https://www.bithumb.com/react/trade/order/AGIX-KRW

[델리시움AGI]

델리시움은 10억 명의 사람들과 1,000억 명의 인공지능 가상 존재들이 블록체인 위에서 공존하는 가상현실을 구축하는 것을 목표로 한다. 델리시움에서 사용자들은 자신만의 가상 존재를 만들고, 그들의 성격과 능력을 점차 발전시킬 수 있다. 인공지능 가상 존재들은 동반자, 안내자, 게임의 변화 요인 등으로서 가상현실의 경계를 재정의하고 디지털 세계에서의 경험과 상호작용 방식을 변화시킬 수 있다.

델리시움 코인 차트(일봉)

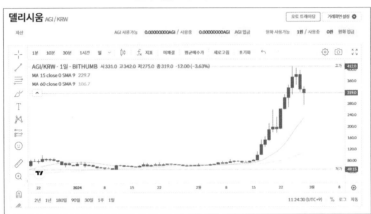

출처 https://www.bithumb.com/react/trade/order/AGI-KRW

2) 게임(X2E) 섹터

게임(X2E) 테마 관련 코인

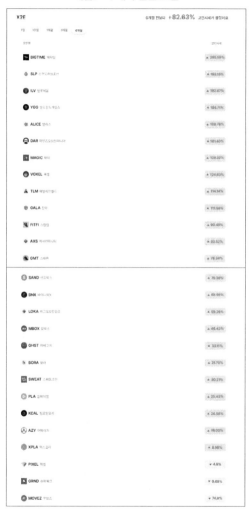

출처 코인니스 (https://coinness.com/market/theme)

AI섹터는 코인마켓에서 생겨난지 오래되지 않은 섹터이지만 게임섹터 X2E는 약 3~4년 전에 생겨났다. 게임섹터의 이해 또는 게임 테마에 투자하기 위해서는 과거 코인마켓에서 게임 테마가 어떻게 발전하였는지 이해하는 것이 필요하다.

과거 게임 트렌드는 P2W/Pay To Win형식의 게임이 주류를 이루었다. 게임에서 승리하는데 필요한 아이템을 현금으로 구매하는 것으로 게임사의 주요 매출 구조이자 여기에서 설명하는 X2E(X To Earn, X하며 돈을 벌기 또는 Plat to Earn이라고도 한다)와는 대비되는 구조다. P2W는 특히 여러 사람이 함께 플레이하는 MMORPG에서 두드러진다.

MMORPG는 게임 자체에서 오는 재미 외에 유저 간 서열 다툼, 자기과시 등 현실에서 느끼는 감정을 게임 내에서 느낄 수 있도록 하였다. 이는 유저들에게 게임 내 비싼 장비와 아이템을 구매하도록 자극한다.

P2W 형식의 게임에서 장비 및 아이템을 구매하는 방법은 일반적으로 게임 플레이 혹은 과금을 통해 얻을 수 있다. 이 방식의 한 가지 불편한 점은 불필요한 아이템을 보유한 유저가 그 아이템을 필요로 하는 다른 유저에게 보상받고 팔고 싶더라도 거래할 수 없다. 원칙적으로 게임사와 유저 간의 거래는 허용되지만 유저들 간의 사적 거래는 제한되기 때문이다. 유저들의 경제적 이윤 및 합리성을 고려하지 못한 이 방식은 조금 더 싼 가격에 아이템을 얻기를 원하는 또는 수익화를 원하는 유저들로 인해 외부 거래 시장을 형성하게 한다.

아이템 매니아 홈페이지 이미지

대표적 MMORPG 게임인 '리니지', '메이플스토리'는 아이템매니아 등 개인 거래를 지원하는 플랫폼에서 하루에도 수백 건의 계정 및 아이템 거래가 진행되고 있다. 하지만 거래 플랫폼이 외부에 형성되어 있다는 것은 그 자체만으로도 번거롭고 비효율적이라는 의미이기도 하다. 더욱이 거래를 지원하는 플랫폼이 없거나 거래 자체가 활성화되지 않은 게임은 법적 보호 장치 및 시스템의 미흡함을 틈타 사기 피해가 생기기도 한다. 또한 게임사 입장에서 볼 때, 이러한 비효율성은 게임 활성에 악영향을 주어 수익성을 떨어뜨리는 요소로 볼 수 있다.

블록체인은 앞서 언급한 게임 내 발생하는 여러 비효율적인 문제를 해결할 수 있도록 한다. 코인에 탑재된 '스마트 콘트랙트' 기능은 계약 조건을 블록체인에 기록하고, 조건이 충족되면 자동으로 계약이 실행되게 하는 프로그램이다. 게임 내에서 아이템을 팔기 원하는 유저의 지갑에 코인이 입금돼야만 아이템 거래가 진행되는 조건으로 중개자 없이 P2P로 안전하게 거래할 수 있도록 한다. 코인은 현금화하기도 쉽다. 플레이를 통해 얻은 코인을 현금화하고 싶다면 개인 지갑에 있는 코인을 코인 거래소로 옮겨 현금화하면 된다.

[엑시인피니티^{AXS}]

블록체인의 등장은 자국 사람들 간 거래뿐만 아니라 국경 밖, 타국 사

엑시인피니티 게임

출처 스카이마비스 홈페이지(www.skymavis.com)

람들 간의 거래도 편리하게 만들었다. 과거 한 유저가 다른 나라의 유저에게 게임 아이템 등 사이버 재화를 판매하려고 한다면 송금 등 결제 시스템, 언어가 다를 때 의사소통 문제, 상대방과 플랫폼의 불신 등 다양한 문제들을 고려해야 했다. 하지만 거래의 신뢰성을 바탕으로 한 블록체인의 장점은 이러한 문제점을 해결할 수 있도록 도와줄 수 있다.

앞서 한차례 언급한 베트남 회사 스카이 마비스Sky Marvis에서 개발한 '엑시인피니티'는 코인마켓에서 게임섹터가 각광받은 첫 사례였다. 이 게임이 큰 인기를 끈 이유는 블록체인 게임 자체의 특성과 코로나19 팬데믹으로 인한 영향이 크다.

2021년은 전 세계적으로 코로나 팬데믹이 유행하면서 관광 산업과 해외 노동자 송금에 의존하는 국가의 사람들은 당장의 생계를 걱정해야 하는 처지에 놓였었다. 동시에 위기 극복 일환으로 시장에 막대한 자금이 풀렸고 유동성 장세가 지속되면서 코인도 신규 자산으로 인식되며 가격이 크게 올랐다.

입출국 제한으로 당장 일자리가 없어진 국가의 사람들은 게임을 하며 획득한 아이템을 팔아 한 달 임금 수준의 수익을 얻으려 하였다. 앞서 설명하였듯이 블록체인 기술은 국경과 상관없이 게임 아이템을 사고팔 수 있을 수 있었기 때문이다.

엑시인피니티 코인 차트

하지만 유동성 장세가 끝을 향해 가면서 가격 하락을 우려한 사람들이 현금화에 나서자, 코인 가격은 급락하게 되었다. 2021년 11월 원화로 20만 원 가까이하던 엑시인피니티 코인 가격은 2023년 9월 5,565원까지 하락하며 최고점 대비 -97.2% 하락했으며, 2024년 11월 현재 1만1천 원을 기록하며 두 배 이상 상승했지만, 아직 고점 대비 20분의 1 토막인 상태다. 게임의 본질인 재미에 기반한 흥행이 아닌 외부환경 변화에 의한 일시적인 관심이다 보니 가격이 빠지게 된 것이다.

X2E 섹터는 최근 시세 상승이 미미하다. 하지만 엑시인피니티 사례로 봤듯이 지속적인 유저의 유입을 유도할 수 있도록 개발할 수 있다면 투자

잠재성이 큰 섹터임에는 분명하다. 최근 이러한 점을 파악하고 게임성을 개선하려는 X2E 프로젝트들이 하나둘씩 나타나고 있다.

빅타임(bigtime) 게임

출처 빅타임 트위터 (https://twitter.com/playbigtime)

빅타임은 빠른 전투 시스템과 플레이어가 게임 아이템을 생성하고 교환할 수 있는 액션 RPG 게임이다. 빅타임은 기존의 나온 수많은 X2E 게임들과는 다르게 현금을 지불하여 캐릭터를 강화시키는 시스템을 과감히 제거하였다. 소위 말해서 현질로 게임의 승패가 갈리는 시스템을 없앤 것이다. 기존의 X2E 게임들이 가지고 있던 과금 시스템을 없애는 대신 특정 아이템을 구입하여야만 코인 채굴을 가능하게 만들었다.

아래 차트에서도 확인할 수 있듯이 AI 섹터에 비해 게임 섹터는 관심을

덜 받고 있다. 언젠가는 관심을 끌 수 있는 섹터이므로 이를 잘 지켜보면

좋을 듯하다.

빅타임(bigtime) 코인 차트

출처 www.bithumb.com/react/trade/order/BIGTIME-KRW

3) RWA 섹터

RWA 코인

RWA
6개월 전보다 **+135.63%** 코인시세가 올랐어요

1일　1주일　1개월　3개월　**6개월**

코인명	코인시세
Ⓒ **CTC** 크레딧코인	▲ 243.41%
Ⓒ **CFG** 센트리퓨즈	▲ 194.93%
Ⓡ **RBN** 리본파이낸스	▲ 171.70%
🔋 **EL** 엘리시아	▲ 153.05%
Ⓞ **ONDO** 온도파이낸스	▲ 113.96%
Ⓜ **MKR** 메이커	▲ 106.15%
Ⓧ **SNX** 신세틱스	▲ 95.64%
Ⓟ **POLYX** 폴리매쉬	▲ 73.57%
# **RSR** 리저브라이트	▲ 68.22%

출처 코인니스(https://coinness.com/market/theme)

RWA[7]**Real-World Assets**는 현실 세계의 자산을 디지털 형태로 변환하고 이를 블록체인 기술을 통해 거래 가능하게 만드는 프로세스를 말한다. 이를

---

7 RWA 핵심은 오라클과 CCIP 기술이다. 오라클은 현실 세계에 있는 데이터를 블록체인상으로 옮기는 기술이다. 예를 들어 주가나 부동산 시세, 현재 날씨 같은 지표를 정리해 블록체인으로 연결하는 역할이다. CCIP는 금융기관 내부에서만 이용하는 프라이빗 블록체인을 이더리움 같은 퍼블릭 블록체인과 연결해 준다.

통해 자산의 가치는 토큰과 직접적으로 연결되며, 소유자는 해당 자산에 대한 법적 소유권을 획득할 수 있다. RWA는 주로 부동산, 채권, 금 등 실물 자산을 의미하며, 이러한 자산을 토큰화하여 블록체인에 등록함으로써 거래의 투명성과 효율성을 증진시킬 수 있다.

예를 들어 기존의 금융 거래는 중간 단계와 작업에 많은 시간과 비용이 소요되지만, 토큰화된 자산을 활용하면 이러한 복잡한 절차를 줄일 수 있게 된다. 블록체인 기술은 실시간 기록을 가능하게 하며 중간 비용을 없앰으로써 거래의 효율성을 높일 수 있다. 토큰화를 통해 투자자들은 기존에는 접근하기 어려웠던 자산에 대한 소액 투자가 가능해지며, 이는 시장의 유동성을 증가시키고 가격 발견을 개선하는 데 도움을 준다.

블랙록 CEO 래리 핑크

출처 블랙록 홈페이지

래리 핑크Larry Fink 블랙록 회장은 '자산 토큰화가 시장의 미래'라고 표현하기까지 했다. 블랙록이 지난달 영국계 유명 은행인 바클레이스Barclays Bank PLC와 손잡고 시작한 토큰화 주식 거래 서비스가 단순한 시험 차원이 아니라는 의미다.

RWA 코인은 실물 자산의 유동성을 높이고 투자 접근성을 확대한다는 점에서 기존 금융 시스템들의 다양한 시도가 이루어질 것으로 보이며, 블록체인 기술이 발달할수록 그 시도는 더 많아질 것으로 기대된다.

[온도 파이낸스ondo]

온도 파이낸스는 채권 펀드, 미국 머니마켓펀드 등 기관 등급의 금융상

온도 파이낸스 코인 차트

출처 coinone.co.kr/exchange/trade/ondo/krw

품들을 블록체인 기반의 토큰 형태로 발행하여, 일반 투자자들의 금융 상품에 대한 진입 장벽을 낮추는 것을 목표로 하는 프로젝트이다. 온도 파이낸스는 미국 국채, ETF, MMF 상품을 토큰화하고, 토큰화된 상품을 예치 및 대출할 수 있게 한다. 또한, 투자자들은 토큰화 상품에 투자하여 펀드 수익의 일부를 수취할 수 있으며, 토큰화된 상품을 거래 및 운영하여 추가 수익을 얻을 수 있다.

4) 밈 섹터

밈코인은 주로 인터넷 문화나 유머에서 파생된 암호화폐로, 그 가치가 시장의 심리와 커뮤니티 활동에 크게 의존하는 디지털 자산이다. 이러한 특성 덕분에 밈코인은 전통적인 금융 자산 및 기존 알트코인과는 다른 독특한 특성을 가지고 있으며, 많은 투자자들이 그 유머적 가치와 커뮤니티의 힘을 중시하여 투자하고 있다.

밈코인은 주로 인터넷 밈에서 영감을 받아 만들어진다. 예를 들어 도지코인은 '도지'라는 유명한 개 밈을 기반으로 2013년에 만들어졌다. 일론 머스크 같은 유명 인사의 지지로 큰 인기를 끌었다. 한편 시바이누Shiba Inu, SHIB는 도지코인의 성공에 영감을 받아 '도지 킬러'라는 별명을 가지고 있으며, 자체적인 생태계와 시바리움Shibarium이라는 스케일링 체인을 운영하고 있다.

밈코인의 성공은 강력한 커뮤니티에 크게 의존한다. 레딧Reddit, 트위터Twitter, 텔레그램Telegram 등의 소셜 미디어 플랫폼에서 커뮤니티 활동이 활발한지 분석하는 것이 중요하다. 커뮤니티의 크기, 활동 빈도, 참여자들의 열정은 밈코인의 성장 가능성을 예측하는 데 중요한 지표가 된다. 예를 들어 도지코인과 시바이누는 강력한 커뮤니티 지원 덕분에 시장에서 성공을 거둘 수 있었다.

시장 심리와 트렌드도 중요한 요소다. 밈코인은 시장 심리와 트렌드에 크게 영향을 받는다. 유명 인사의 발언이나 트렌드가 가격에 큰 영향을

시바이누 코인 차트

출처 https://www.bithumb.com/react/trade/order/SHIB-KRW

미칠 수 있다. 예를 들어 일론 머스크의 트윗은 도지코인의 가격에 큰 변동을 일으켰다. 따라서 최신 뉴스와 트렌드를 지속적으로 모니터링하고, 시장의 상황 변화를 이해하는 것이 중요하다.

밈코인은 매우 높은 변동성을 가지므로, 포트폴리오의 일부로만 투자하는 것이 바람직하다. 이는 리스크를 관리하고 큰 손실을 방지하는 데 도움이 된다. 예를 들어 밈코인에 전체 자산의 5-10% 정도만 할당하면, 큰 변동성에도 전체 포트폴리오에 미치는 영향을 최소화할 수 있다.

비록 밈코인은 일반적으로 펀더멘털이 약하지만, 프로젝트의 백서, 팀 구성, 개발 계획 등을 분석하여 어느 정도의 펀더멘털을 파악하는 것이 중요하다. 프로젝트 팀의 경험과 역량, 개발 로드맵, 파트너십 등을 통해 장기적인 성장 가능성을 평가할 수 있다. 예를 들어 시바이누는 자체 생태계인 시바리움을 개발하여 단순한 밈코인을 넘어서려고 시도하고 있다. 이는 밈코인이 단순한 유머 요소를 넘어서 실질적인 사용 사례와 기술적 기반을 갖추려고 노력하는 모습을 보여준다.

[뮤 코인MEW]

뮤 코인은 2024년에 출시된 솔라나 기반의 고양이 테마를 가진 밈코인이다. '캣 인 어 도그즈 월드Cat In A Dog's World'라는 명칭으로도 알려진 뮤 코인은 출시 후 48시간 만에 시총 2억 달러를 달성하며 큰 주목을 받았다. 이 코인은 인터넷 밈과 고양이 테마를 결합해 독특한 매력을 지니고 있으며, 초기 투자자들에게 큰 수익을 안겨주었다.

국내에서는 비트썸Bithumb 거래소에서 뮤 코인을 거래할 수 있다. 비트썸은 한국의 주요 암호화폐 거래소 중 하나로, 다양한 암호화폐를 지원하며 높은 유동성을 자랑한다. 비트썸 외에도 글로벌 거래소인 OKX에서도 뮤 코인을 거래할 수 있다.

기존 밈코인과의 차별성 측면에서 뮤 코인은 고양이 테마를 중심으로 한 독특한 콘셉트를 가지고 있어 개를 테마로 한 밈코인과 차별화된다. 이는 도지코인이나 시바이누와 같은 기존 밈코인이 주로 개를 테마로 하는 반면, 고양이를 중심으로 한 뮤 코인은 새로운 투자자층을 끌어들이고 있다. 또한, 솔라나 블록체인 기반으로 개발되어 빠른 거래 속도와 낮은 수수료를 제공한다는 점도 큰 장점이다.

뮤 코인은 강력한 커뮤니티와 독창적인 테마를 바탕으로 밈코인 시장에서 주목받고 있으며, 앞으로의 성장 가능성도 높게 평가된다. 많은 투자자들이 뮤 코인의 독특한 매력과 높은 수익 잠재력에 주목하고 있다.

5) DePIN(디핀) 섹터

DePIN^{Decentralized Physical Infrastructure Networks} 코인은 분산형 물리적 인프라 네트워크를 지원하기 위해 설계된 암호화폐로, IoT 기기, 네트워크 장비, 데이터 센터와 같은 물리적 인프라를 블록체인 기술과 결합하여 관리하고 운영하는 데 사용된다. 이 코인은 물리적 인프라와 블록체인의 융합을 통해 새로운 혁신을 창출하며, 효율성과 보안을 강화하는 역할을 한다.

IoT^{Internet Of Things}는 다양한 방식으로 블록체인 및 암호화폐와 결합하여 새로운 혁신을 만들어내고 있다. IoT 기기 간의 통신을 안전하고 효율적으로 만드는 동시에, 데이터의 투명성과 신뢰성을 높이는 데 기여한다. 블록체인은 모든 거래와 데이터를 분산된 원장에 기록하여 변경할 수 없게 만들기 때문에, IoT 기기들이 생성하는 데이터를 투명하고 안전하게 관리할 수 있게 한다. 예를 들어 IoT 기기가 센서를 통해 수집한 데이터를 블록체인에 기록하면, 이 데이터는 모든 참여자가 검증할 수 있어 신뢰성이 보장된다.

IoT 기기 간의 소액 결제를 효율적으로 처리하기 위해 암호화폐가 사용될 수 있다. IOTA(아이오타 코인)는 수수료가 없는 거래를 가능하게 하여 IoT 기기 간의 마이크로페이먼트를 지원한다. 이는 IoT 기기들이 서로 데이터를 주고받을 때 비용을 절감하고, 실시간 결제를 가능하게 한다. 블록체인 기반의 스마트 계약은 사전에 정의된 조건이 충족되면 자동

DePIN(디핀) 섹터 중 IoT 관련 코인

코인명	가격
🟢 DGB 디지바이트	▲ 5.78%
JASMY 재스미코인	▲ 2.10%
🟣 MXC 머신익스체인지코인	▲ 1.72%
🔵 HNT 헬륨	▼ 0.06%
⚫ IOTX 아이오텍스	▼ 1.25%
🔴 FET 페치에이아이	▼ 1.26%
🟢 NKN 엔케이엔	▼ 2.28%
V VET 비체인	▼ 2.81%
IOTA 아이오타	▼ 3.06%
❌ EGLD 멀티버스엑스	▼ 3.96%

출처 코인니스(https://coinness.com/market/theme)

으로 실행되는 계약을 의미한다. IoT 기기들은 스마트 계약을 통해 자동화된 거래를 수행할 수 있다. 예를 들어 IoT 기반의 스마트 홈 시스템에서 특정 조건이 충족되면 스마트 계약이 실행되어 자동으로 기기들을 제어할 수 있다.

블록체인 기술은 중앙 서버 없이 분산된 네트워크를 구성할 수 있게 한다. 이는 IoT 기기들이 중앙 서버에 의존하지 않고 직접 서로 통신할 수 있게 하여, 네트워크의 취약성을 줄이고 보안을 강화한다. 예를 들어 HNT(헬류)은 분산형 무선 네트워크를 통해 IoT 기기들이 인터넷에 연결될 수 있도록 한다. 블록체인과 IoT는 공급망 관리에서 중요한 역할을 할 수 있다. 블록체인을 통해 제품의 이동 경로를 투명하게 추적하고, IoT 기기가 실시간으로 데이터를 수집하여 기록하면, 공급망의 효율성을 크게 높일 수 있다. VeChain(VET 코인)은 이러한 기술을 통해 제품의 생산, 유통, 소비까지의 모든 과정을 추적하고 관리할 수 있게 한다.

DePIN(디핀) 코인과 HNT(헬륨) 코인

DePIN(디핀) 코인의 성장 잠재력은 매우 높다. IoT 기기의 수는 계속해서 증가하고 있으며, 이 기기들이 생성하는 데이터의 양도 폭발적으로 늘어나고 있다. DePIN(디핀)은 이러한 데이터를 효율적으로 관리하고, 안전하게 저장하는 데 기여할 수 있는 기술적 솔루션을 제공한다. HNT(헬륨)과 같은 프로젝트는 이미 IoT 기기들을 연결하여 분산형 네트워크를 구축하고 있으며, 앞으로도 이러한 네트워크의 수요는 계속해서 증가할 것으로 예상된다.

커뮤니티와 활발한 개발 활동은 DePIN(디핀) 코인의 장기적 안정성과 성장 가능성을 높인다. HNT(헬륨)과 같은 프로젝트는 사용자들이 네트워크에 참여하여 보상받을 수 있도록 함으로써, 커뮤니티의 참여를 장려하고 있다. 이러한 커뮤니티 중심의 접근 방식은 네트워크의 확장과 유지에 긍정적인 영향을 미친다.

DePIN(디핀) 코인 분류 이미지

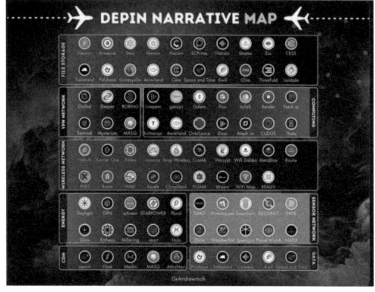

비체인(vet) 코인 차트

파트너십 및 실제 적용 사례도 DePIN(디핀) 코인의 신뢰성을 높이는 중요한 요소다. 여러 주요 기업 및 기관과의 파트너십을 통해 실제 적용 사례를 확장하고 있다. 예를 들어 File(파일) 코인은 다양한 기업들과 협력하여 분산형 데이터 저장 솔루션을 제공한다. 이러한 파트너십은 DePIN(디핀) 코인의 신뢰성을 높이고, 실질적인 사용 사례를 통해 가치를 증명할 수 있게 한다.

DePIN(디핀) 코인에 투자할 때 고려해야 할 리스크 요인도 있다. IoT와 블록체인 기술의 융합이 아직 초기 단계에 있으며, 기술적 문제나 규제 이슈가 발생할 가능성이 있다. 암호화폐 시장 자체의 변동성이 높기 때문에, DePIN(디핀) 코인의 가격도 큰 변동을 겪을 수 있다. 이러한 리스크를 감안하여 신중한 접근이 필요하다.

PART 4

비트코인
가격 전망

비트코인 현물 ETF 등장
그리고 그 결과는?

과거를 돌이켜 보면, 2023년 6월, 세계 최대 자산운용사 블랙록BlackRock Inc

이 비트코인 현물 ETF 신청을 하였고, 2024년 1월에 비트코인 현물 ETF

가 승인되었다. 13개의 비트코인 현물 ETF 신청서가 증권거래위원회에

제출되어 있었고, 그중 데드라인이 가장 빠른 아크21쉐어즈 상품의 승인

마감 기한이 1월 10일에 맞춰 현물 ETF가 승인되었다.

2023년 12월, 인베스코Invesco Ltd, 갤럭시디지털Galaxy Digital, 그레이스케일

Grayscale 등의 미국 자산운용사들은 비트코인 현물 ETF 승인에 대하여 낙

관적인 태도를 보였다. 로이터는 2024년 1월 첫째 주 내 비트코인 현물

ETF 승인될 것이라고 보도했으며, 에릭 발추나스Eric Balchunas 블룸버그

ETF 분석가가 2024년 1월 내 비트코인 현물 ETF 승인 가능성이 높다는

비트코인 현물 ETF 데드라인

- 1월에 비트코인 현물 ETF 데드라인이 집중되어 있으며, 큰 변동성을 가져올 것입니다.

Issuer (Ticker)	Company	Asset	19b-4 Posted Date	Exchange	Custodian	Index/Pricing Provider	SEC Next Deadline	SEC Final Deadline
		"Physically" Backed						
Grayscale Bitcoin Trust (Re-file) *Conversion (GBTC)*	Grayscale	Bitcoin	10/19/21	NYSE	Coinbase	Nasdaq	~10/19/23	Unknown
ARK 21Shares Bitcoin ETF (Re-filing) (ARKB)	21Shares & ARK	Bitcoin	4/25/23	CBOE	Coinbase	S&P Dow Jones	1/10/24	1/10/24
iShares Bitcoin Trust (IBTC)	BlackRock	Bitcoin	6/29/23	Nasdaq	Coinbase	CF Benchmarks	1/15/24	3/15/24
Bitwise Bitcoin ETP Trust (Re-filing) (BITB)	Bitwise	Bitcoin	6/28/23	NYSE	Coinbase	CF Benchmarks	1/14/24	3/14/24
VanEck Bitcoin Trust (Re-filing)	VanEck	Bitcoin	6/30/23	CBOE	Gemini	Market Vectors	1/15/24	3/15/24
Wisdomtree Bitcoin Trust (Re-filing) (BTCW)	Wisdomtree	Bitcoin	6/30/23	CBOE	Coinbase	CF Benchmarks	1/15/24	3/15/24
Invesco Galaxy Bitcoin ETF (Re-filing) (BTCO)	Invesco & Galaxy	Bitcoin	6/30/23	CBOE	Coinbase	Bloomberg	1/15/24	3/15/24
Wise Origin Bitcoin Trust (Re-filing)	Fidelity	Bitcoin	6/30/23	CBOE	Fidelity	Fidelity/CoinMetrics	1/15/24	3/15/24
Valkyrie Bitcoin Fund (Re-filing) (BRRR)	Valkyrie	Bitcoin	7/3/23	Nasdaq	Coinbase	CF Benchmarks	1/17/24	3/19/24
Global X Bitcoin Trust (Re-filing)	Global X	Bitcoin	8/4/23	CBOE	Coinbase	N/A	11/21/23	4/19/24
Hashdex Bitcoin ETF *Strategy Change (DEFI)*	Hashdex	Bitcoin	9/22/23	NYSE	N/A	Nasdaq	3/31/24	5/30/24
Franklin Bitcoin ETF	Franklin	Bitcoin	9/26/23	CBOE	Coinbase	CF Benchmarks	3/31/24	5/30/24
Pando Asset Spot Bitcoin Trust	Pando	Bitcoin	12/5/23	CBOE	Coinbase	N/A	~2/8/24	~8/21/24

Note: Dates are estimates and deadlines, so they may come earlier.
Source: Bloomberg Intelligence, SEC.gov

Bloomberg

의견을 냈었다.

재미있는 점은 비트코인 현물 ETF가 승인되기 이전에 미국 금융회사들은 이미 SNS를 통해 비트코인 현물 ETF 상품을 광고하고 있었다는 것이다.

필자는 비트코인 현물 ETF가 승인된다면 단기적으로 급등하겠지만, 다시 하락 후 횡보하는 시간을 가질 것이라 예상하였다. 그 이유는 '뉴스에 팔자Sell On The News'라는 심리 때문이다. 주식 시장에서도 거대 기관들, 소위 세력들은 저가에 매집을 하고 호재 뉴스를 터뜨리며 본인들의 물량을 개인들에게 넘기는데, 이와 비슷한 현상이 나타날 것이라고 여기기 때문이었다.

저가에 비트코인을 매수한 투자자들은 안정적으로 수익을 실현하고자

2023년 12월, 이미 진행 중인 비트코인 현물 ETF 광고

- 아직 비트코인 현물 ETF가 승인되진 않았지만, 미국 금융회사들은 이미 SNS를 통해 비트코인 현물 ETF 상품을 광고중입니다.

① 비트와이즈, 2023. 12. 18 게재

② 해시덱스, 2023. 12. 21 게재

③ 해시덱스, 2023. 12. 29 게재

출처: 각 사 X(구 트위터)

출처 각 사 X(구 트위터)

하는 심리가 작용할 것이고, 이후 신규 매수자들과 손 바꿈이 일어나게 될 것은 뻔한 일이었다. 그러면 그때 다시 유입된 투자자들로 인해 거품이 걷히고, 그들의 평 단가가 지지선으로 작용하며 횡보를 보일 것이라는 주장이었다.

그렇지만 중·장기적으로는 비트코인 현물 ETF로 유입되는 거대 금융기관들의 매수세로 상승세를 보일 것이라 판단했었다. 참고로 글로벌 시총 1위 자산인 금의 경우도 금 ETF가 출시된 이후 시총이 더욱 커지며 가격 상승이 많았다. 금 ETF는 2004년 11월에 스테이트 스트리트State Street라는 미국의 자산운용사에서 최초로 출시하였고, 이후 금 ETF 기반 옵션 상품 등 다양한 상품이 나오면서, 그 이후 8년간 금의 가격이 4~5배 상승한 바 있다. 이를 토대로 2024년 1월 비트코인 ETF가 출시된 이후 아직 1년도 채 지나지 않았기 때문에, 추후 몇 년 뒤 다시 지금을 돌아본다면 어떠한 선택을 하느냐에 따라 희비가 갈릴 수 있다.

투자자 입장에서 비트코인 현물 ETF가 중요한 이유는 가상자산의 안정성과 편의성이 동시에 높아진다는 점이다. 디지털 골드로 불리는 비트코인도 금ETF 등장과 유사하게 거대 금융기관의 매수세가 충분히 생길 것이고, 그에 따른 가격이 반영될 것이라 여겨진다.

블랙록을 포함한 전통 금융기관들이 가산 자산 시장에 뛰어든 가장 중요한 이유는 간단하게 말해서 '돈이 되기 때문'이다. 그들은 그간 영업을 통해 쌓은 신뢰도, 브랜드, 시스템 및 안정성을 통해 기관 고객을 확보하고 수수료를 취득할 수 있다. 그들이 비트코인의 가치를 믿고 가격 상승을 유도한다기보다는 기관 고객들에게 안전한 거래 환경을 제공하여 거대 자금의 유입을 통한 수수료 수익을 도모한다고 보는 것이 좀 더 합리적이다.

비트코인 신탁이나 ETF를 신청한 금융기관들은 상품을 준비하기 위하여 반드시 비트코인 현물 확보가 선행되어야 한다. 현물이 확보되어야 신탁 주식 발행 및 거래가 가능하기 때문이다. 따라서 단기적으로 상품을 출시하기 위한 수요로 인해 가격 상승 요인이 되었다. 특히 세계 1위 자산운용사가 이러한 상품을 제공한다면 경쟁 업체들도 마찬가지로 상품을 준비할 것이기 때문에 이 시장은 더욱 성장할 것이다.

중·장기적으로는 기관 고객들의 수요로 인해 가격 상승 압력이 작용할 것이다. 10조 달러 규모의 자산을 운용하는 블랙록이 비트코인 현물 상품을 제공된다면, 투자를 망설였던 대형 기관급 수요는 당연히 발생하게 될 것이기 때문이다.

비트코인 현물 ETF 승인은 증권거래위원회가 가상자산 산업을 전통 금융권으로 포함하려는 움직임으로 해석할 수 있다. 미국은 자국 전통 금융 시스템의 안정성과 성장성을 도모하되 가상자산에 대한 혁신성을 인정하면서 위험성을 최소화하는 균형점을 찾고 있는 것이라고 볼 수 있다. 2024년 1월부터 12월 현재까지 미국의 비트코인 현물 ETF 누적 보유량은 105만 개를 돌파하였고, 유입된 자금만 285억 달러, 한화로 40조 원 정도

미국 비트코인 현물 ETF 보유량

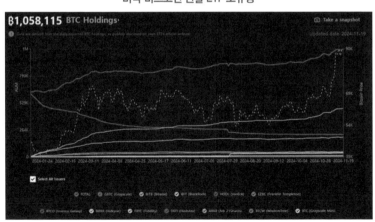

출처 https://btcetffundflow.com/us

에 이른다. 비트코인 총 발행량 2,100만 개 대비 5%를 초과하는 수준으로 매서운 속도로 증가하고 있다.

우리는 앞으로 가상자산이 금융 시스템에 어떻게 통합될 것인지, 그리고 이것이 전 세계 금융 시장에 어떤 영향을 미칠 것인지 관심을 가지고 살펴보아야 하고, 그 기회를 놓쳐서 후회하는 일이 없도록 해야 한다.

금융기관 최근
비트코인 가격 전망 및 점검

반에크VanEck뿐만 아니라 메사리Messari, 스탠다드차타드Standard Chartered plc,

비트와이즈Bitwise 등 다양한 기관들이 2024년도 비트코인 가격을 예측했

다. 2024년도 비트코인 가격 전망은 각 사별 최소 6만 달러(8,000만 원)~최

대 60만 달러(8억 원), 12개사의 평균 예측가격은 18.3만 달러(2.4억 원)

였다.

2021년 비트코인 전고점이 6.9만 달러, 원화로 8,000만 원이었고,

2024년 매크로 시장이나 가상자산 시장의 이벤트를 고려했을 때 사상

최고치 올 더 하이All The High, ATH는 달성할 것이라고 조심스레 예상했다. 실

제 2024년 3월 반감기 이전에 1억 500만 원을 기록하며 ATH를 갱신했고,

2024년 11월 1억 3천만 원을 돌파하며 이미 ATH는 갱신되고 있다. 기관들

역시 전반적인 사이클을 고려하였고, 타 자산들의 시총과 비교하여 어느 정도 될 것이라는 예상을 통해 해당 가격을 제시하였다. 간략히 그래프로 정리하면 다음과 같다.

기관들의 2024년 비트코인 가격 예측

- 반에크, 메사리, 스탠다드차타드, 비트와이즈 등 기관들이 2024년도 비트코인 가격을 예측하였습니다.
- 2024년도 비트코인 가격은 최소 6만 달러, 최대 60만 달러, 평균 18.3만 달러입니다.

(단위 : 만 달러)

평균 18.3만 달러
(2.4억원)

Messari	Van-Eck	ETC Group	Bit-wise	Mark Mobius	Bit-Mining	Coin Shares	Nexo	Standard Chartered	Carol Alexander	Matrix Port	Coin Fund
60	27.5	10	8	6	7.5	8	10	10	10	12.5	50

출처 개인작성, CNBC, Coinness

가상자산 데이터 제공회사로 유명한 메사리는 2024년 비트코인 가격을 60만 달러로 예측하였다. 비트코인 현물 ETF 승인, 반감기 도래와 함께 글로벌 양적완화 재개 시 화폐 가치 하락에 대응할 수 있는 가장 좋은 수단이 비트코인이라고 주장하였고, 미국 재무회계기준위원회**FASB, Financial Accounting Standards Board**가 비트코인을 시장 가치 기준으로 재무제표에 반영할 수 있도록 회계 기준을 변경한 것도 기업들이 더욱 비트코인에 관심을 두게 될 이유 중 하나라고 분석했다. 동시에 비트코인 시장은 금과 비슷한 수준까지 성장할 것으로 기대되기 때문에 다소 높은 가격이라 볼 수 있는 60만 달러를 예측하였다.

뉴욕 소재 전통 자산운용사인 반에크는 2024년 비트코인 가격을 27.5만 달러로 예측하였다. 1분기에 미국 비트코인 현물 ETF가 승인되면 24억 달러 이상의 자금이 유입될 것으로 예상했고, 상당한 변동성에도 불구하고 1분기 비트코인 가격은 3만 달러 아래로 떨어지지 않을 것이며, 비트코인 시총은 금 시총의 절반이 될 것이라고 예측하였다. 구체적으로, 비트코인 ETF의 등장은 금 ETF의 초기 성공과 유사하게 상당한 자본 유입을 끌어들여 암호화폐의 가치를 강화할 수 있다며 잠재력에 대하여 집중하였다. 또한, 통화 정책에 대한 유권자의 인식이 높아지고, 미국 대통령 선거 이후 잠재적인 규제 변화로 인하여 비트코인의 시장 점유율이 크게 증가할 것으로 예상하였다.

영국의 암호화폐 투자사이자 발행사인 ETC그룹은 2024년 비트코인 가격을 10만 달러로 예측하였다. 4월에 진행된 비트코인 반감기로 인하여 비트코인 채택이 가속화되며 자금 유입이 발생할 것으로 예상했으며, 일부 전문가들은 비트코인 반감기가 이미 알려진 사실이기 때문에 가격에 선반영되어 있다고 주장하지만, ETC그룹은 과거에도 이러한 이벤트 이후 상당한 가격 상승이 있었음을 실증적으로 입증되기 때문에 10만 달러는 가능할 것이라고 기대하였다.

가상자산 운용사 비트와이즈 최고투자책임자 매트 호건Matt Hougan은 2024년 비트코인 가격을 8만 달러로 예측하였다. 2023년 한 해 비트코인은 128% 상승세를 보였고, 이러한 상승세가 계속 이어진다면 8만 달러를 돌파해 사상 최고치를 경신할 것으로 예상하였다. 이렇게 주장하는 이유를 살펴보면 다음과 같다. 비트코인은 투자자들이 경제 위험에 대비하여 인플레이션 회피 자산으로 전환하는 추세를 보여주고 있다. 더불어 비트코인 현물 ETF 승인으로 인하여 이전에는 개인투자자가 주도해 온 시장이었지만, 이제는 전문투자자와 기관투자자들의 진입으로 대규모 자금이 유입될 것으로 예상하기 때문이다. 동시에 그는 금 ETF와 비교하며 2004년 금ETF가 도입되었을 당시 금 시장은 2조 달러 규모에 불과하였지만, 20년이 지난 지금 금 시장은 15조 달러 규모로 약 7배 이상 성장하였다. 이는 ETF가 주요한 역할을 하였음을 강조하며, 비트코인도 비슷한 궤적을 보일 것이라고 예상하였다.

'신흥국 투자 귀재'로 유명한 월가의 베테랑 투자자인 마크 모비우스 Mark Mobius가 이끄는 모비우스 캐피털 파트너스는 2024년 비트코인 가격을 6만 달러로 예측하였다. 그 이유는 비트코인 현물 ETF 승인 가능성과 가상자산 투자 관심도 상승이 주요 근거였으며, 비트코인은 2024년 2월 6만 달러를 갱신하였고, 이미 9만 달러를 넘어서 10만 달러를 눈앞에 두고 있다.

가상자산 채굴업체 비트마이닝Bit Mining의 수석 이코노미스트 양요우웨이[Youwei Yang]는 2024년 비트코인 가격을 7.5만 달러로 예측하였고, 비트코인 현물 ETF 승인과 비트코인 반감기 도래를 주요 근거로 내세웠다. 또한, 2025년에는 비트코인 가격이 최대 13만 달러가 될 것이라고 전망하였다. 2024년 3월, 비트코인은 예측 가격인 7.5만 달러에 근접한 7.38만 달러를 터치하고 현재 6만 달러 초반에서 가격이 횡보하고 있다.

유럽의 가상자산 전문 자산운용사 코인쉐어스[Coinshares]의 리서치 총괄 제임스 버터필[James Butterfill]은 2024년 비트코인 가격을 8만 달러로 예측하였다. 주요 근거는 가상자산 투자 상품 내 자금 유입, 각국 중앙은행의 금리 인하 전망 및 비트코인 반감기 사이클이었다.

가상자산 거래소 넥소[Nexo] 공동 설립자 안토니 트렌체프[Antoni Trenchev]는 2024년 비트코인 가격을 10만 달러로 예측하였다. 주요 근거는 비트코인 반감기 도래 및 비트코인 현물 ETF 승인이 주요 이유였고, 상승 과정 중 두 자릿수 퍼센트 대 조정 가능성이 있음을 시사한 바 있다.

글로벌 은행 스탠다드차타드도 2024년 비트코인 10만 달러로 가격을 예측하였고, 마찬가지로 비트코인 현물 ETF 승인과 비트코인 반감기를 주요 근거로 내세웠다.

영국 서식스 대학교[University Of Sussex] 재무학 교수인 캐롤 알렉산더[Carol Alexander]가 2024년 비트코인 가격을 10만 달러로 예측하였고, 비트코인 현물 ETF 출시, 코인베이스-증권거래위원회 소송 결과 발표 등을 주요 근거로 내세웠으며, 비트코인 현물 ETF와 관련하여 블랙록·피델리티 등 ETF

운영사의 역량이 중요함을 언급하였다.

가상자산 금융 서비스 업체인 매트릭스포트Matrixport는 2024년 비트코인 가격을 12.5만 달러로 예측하였다. 미국 연준의 금리 인하 시작 가능성과 지정학적 리스크 확대를 주요 근거로 들었다.

가상자산 전문 벤처캐피털 코인펀드CoinFund는 다소 높은 숫자를 제시하였는데, 2024년 비트코인 가격은 최고 50만 달러를 예측하였다. 하락세를 타고 있는 달러 가치 및 실질 수익률과의 역 상관관계, 가상자산 관련 규제 정상화, 비트코인 현물 ETF 및 이더리움 현물 ETF의 승인 가능성 등을 주요 근거로 내세웠다.

이 외에도 자산관리회사 번스타인은 비트코인을 매집하는 대표 기업인 마이크로 스트래티지에 대한 전망 보고서를 통하여 비트코인이 '2025년 25만 달러에 도달하고, 2033년까지 100만 달러가 될 수 있다'라고 전망치를 제시하였다. 근거는 비트코인 현물 ETF에 대한 전례 없는 수요와 비트코인 공급의 제한이 주요 이유였다.

앞에서 언급한 바와 같이 다양한 기관, 투자회사, 기업들이 비트코인에 대한 전망치를 제시하고 있으며, 그 가격이 투자자에게 상당히 긍정적이고 고무적이다. 매크로 경제 시장이 금리 인하기에 있기에 유동성이 기대되고 있으며, 비트코인 반감기 사이클, 비트코인 현물 ETF 승인, 비트코인의 제한된 공급량, 수요 증가 등의 근거를 통해 가격을 전망하고 있다.

물론 이러한 전망이 빗나가서 가격이 하락할 가능성도 있다. 그렇지만 현재 시장의 흐름은 비트코인 가격이 상승하는 것에 조금 더 초점이 맞춰져 있음을 알고, 이에 대한 트렌드 및 내러티브 등을 잘 이해하고 투자하면 보다 적은 리스크를 통해 높은 수익률을 거둘 수 있는 기회를 잡을 수 있을 것이다.

이번 비트코인 사이클에서 10억 원이라는 숫자를 보기는 쉽지 않겠지만, 중·장기적 관점으로 접근한다면 향후 10년, 20년 내에는 충분히 10억 원이라는 숫자를 볼 날이 있을 것으로 예측한다.

가상자산
주요 이벤트

2024년은 가상자산 관련 규제가 신설되고, ETF 상품 출시 등 제도권 내로 편입되는 시기였다. 이와 동시에 비트코인을 채택하는 속도가 더욱 가속화되어 수요가 창출될 것이고, 그에 따른 비트코인의 가격 변동성을 지켜보는 재미가 있을 것이다.

첫째, 비트코인 반감기다. 2024년 4월에 반감기가 있었으며, 채산성이 줄어들어 공급량이 감소하는 효과가 있기 때문에 중요한 이벤트라 볼 수 있다. 가상자산 사이클이 4년마다 돌아오는 것도 이 반감기 때문이라는 의견이 많고, 그에 따른 투자자들의 군중 심리가 작용하여 해당 사이클을 만들기도 한다. 닭이 먼저냐 달걀이 먼저냐 알 수는 없지만 투자는 사람의 심리를 반영하기 때문에 잘 지켜봐야 할 것이다.

둘째, 이더리움 현물 ETF 승인이다. 2024년 1월 비트코인 현물 ETF 승인되었고, 다음 차례는 이더리움 현물 ETF라는 이야기가 많았고 실제 승인되었다. 가상자산 시장에서 두 번째로 시총이 큰 자산이며, 이미 블랙록을 포함한 다수의 자산운용사가 이더리움 현물 ETF 승인 신청을 해두었다. 마지막 데드라인이 가장 빠른 것은 2024년 5월 23일 예정된 반에크 이더리움 현물 ETF였는데, 2024년 5월 24일 이더리움 현물 ETF에 대한 1차 승인이 진행되었다. 1차 승인으로 거래가 지원되는 것은 아니지만 의미 있는 승인이었고, 실제 거래가 가능한 최종 승인은 2024년 7월에 있었다. 출시된 이더리움 ETF는 POS로 증권거래위원회의 증권성 여부에 대한 염려가 있기에 스테이킹이라는 기능이 빠진 채 출시되어서 다소 아쉬움이 있지만, 도널드 트럼프 정권이 집권한다면 그 부분도 해결될 것이라는 기대가 큰 상황이다.

셋째, 유럽이 제정한 세계 최초의 가상자산 기본법인 미카MICA 시행이다. MICA는 그동안 법적 지위가 없었던 가상자산 서비스를 금융성 서비스로 정의하였고, 자산준거토큰 | 전자화폐토큰(이머니토큰) 등 스테이블코인을 포함한 관련 규정은 2024년 6월 30일부터 시행되었다. 기타 토큰, 가상자산 서비스 제공자와 관련된 전반적인 가상자산 전반 규정은 2024년 12월 30일부터 시행되게 된다. 스테이블코인을 발행 및 운영하는 회사는 은행과 유사한 방식으로 준비금을 보유해야 한다는 내용이 있다.

이는 스테이블코인에 대한 수요가 증가할 것이라는 반증이 되기도 한다. 미국 의회에서 계류 중인 스테이블코인 규제안도 2024년 안에 승인될 것이라는 기대가 큰 상황이다. 따라서 소비자 보호를 우선으로 하는 구체적이고 명확한 규제 체계가 정립된다면 기관 투자자의 시장 유입을 가속화할 수 있다는 전망이 지배적이다.

넷째, 가상자산 대중화와 채택에 대한 움직임이다. 비트코인을 법정화폐로 도입하는 국가들의 움직임, 글로벌 기업들의 가상자산 결제 도입 등의 움직임을 잘 지켜봐야 한다. 그들의 움직임으로 인하여 대중화가 빨라진다면, 그만큼 수요가 증가하고 수요와 공급의 법칙에 따라 가격 상승의 여지가 있기 때문이다.

다섯째, 마운트곡스 비트코인 채권 상환에 대한 이슈다. 마운트곡스는 일본에서 운영했던 가상자산 거래소로 2014년 비트코인 해킹으로 인하여 파산하였다. 이후 채권자와 소송 및 채권상환에 대한 협의를 지속적으로 해왔고, 마운트곡스 공식 홈페이지에 2024년 10월 31일까지 모든 채권을 정리하겠다고 공지되어 있었다. 그렇지만 실제로 채권자들이 주소를 제대로 명기하지 않는 해프닝이 있어 1년 연장되어 2025년 10월 31일까지 채권을 상환하겠다고 공지한 바 있다. 2024년 5월 마운트곡스 거래소가 보유한 비트코인 물량 약 14만 개가 신규 주소로 옮겨지며 대규모

매도세에 대한 우려로 시장이 하락하기도 하였는데, 2024년 6월 공식 홈페이지를 통해 7월부터 채권상환을 시작하겠다고 공지하며 시장이 한 번 더 출렁였다. 마운트곡스의 상환 물량이 약 14.2만 개로 추정되는데 당시 가격으로 이는 약 13조 원에 달했기 때문이다. 지금까지 상환해야 할 비트코인 14.2만 개 중 4.6만 개를 제외한 비트코인은 상환된 것으로 파악되고 있다. 단기적으로는 비트코인 매도세가 강해지며 가격 조정이 있을 수 있겠지만, 중·장기적으로는 손바뀜을 통해 가격 지지선을 오히려 높게 형성할 수 있다는 측면도 함께 고려해 볼 만하다.

추가로, 국내에서는 2025년도 시행 예정인 가상자산 과세 관련하여 많은 관심이 있었다. 금투세 폐지에 따라 가상자산 과세도 없애야 하는 것이 아니냐는 의견이 많았고, 정부는 가상자산 과세와 금투세는 별개 사안이라는 입장을 밝혔다. 더불어 가상자산은 소득세법상 '기타소득'에 해당되어 '금투세의 기준이 되는 금융투자소득과는 완전히 다른 영역'이라고 선을 그었다.

2024년 4월 총선에서 가상자산과 관련된 과세 기준 완화가 주요 공약으로 나왔고, 2024년 7월 가상자산 과세를 2년 더 유예하는 세법 개정안을 발표하였으나, 여당과 야당은 팽팽한 힘겨루기를 하였다. 결국 2024년 12월 2일 민주당에서 유예에 동의하며 2027년도부터 가상자산에 대한 과세를 시행하기로 하였다. 기본적으로 한국은 미국의 제도와 규제를 따르는 경향이 있고, 가상자산에 대한 제도와 규제도 유사하게 적용될 것으로 판단된다. 한국은 2023년 가상자산 과세를 시행하기로 했으나, 2년 유예 기간을 갖고 2025년부터 과세를 추진한 바 있다.

미국세청IRS, Internal Revenue Service은 2014년부터 가상자산을 자산Property 으로 분류하여 과세를 진행하고 있으며, 1년 미만 보유 시 통상소득으로 종합과세, 1년 이상 보유 시 자본소득으로 분류과세를 하고 있다. 그뿐만 아니라 일본, 영국, 프랑스, 독일 등 선진국들도 가상자산을 지불수단, 투자자산, 자산 등으로 인정하며 과세를 시행 중이다.

글로벌 컨설팅 펌 보스턴컨설팅 그룹이 작성한 보고서에 따르면 한국 가상자산 시장 규모는 2021년 300조 원이었고, 2026년에는 1,000조 원 규모로 전망하고 있다. 국내 가상자산 과세가 시작되는 2025년에는 약 800~900조 원의 시장으로 그에 따른 세수도 엄청날 것이다. 동시에 국내 회계법인, 세무법인 등 가상자산 세무 서비스를 제공하는 관련 기업들에게는 좋은 기회가 될 것으로 여겨진다.

개인적으로 한국의 가상자산 과세 시행으로 인하여 약세장이 올 것이라고 판단하진 않는다. 2024년 12월 현재, 한국은 미국에 이어 전 세계 비트코인 거래량 2위를 차지하고 있을 만큼 영향력이 있지만, 과반수의 거래량은 미국이 차지하고 있기 때문이다. 미국은 이미 과세를 시행하고 있음에도 불구하고 시장 참여자가 많다는 것이 이를 입증하는 것이 아닐까 싶다.

과세를 통해 가상자산 제도화, 규제화가 속도를 낸다면 국내 금융기관, 연기금 등 소위 큰 손들의 가상자산 시장에 진입도 더욱 용이해질 것이고,

가상자산 시장의 대중화는 더욱 가속화될 것이라고 여겨진다.

개인투자자 입장에서 2023년, 가상자산 과세가 유예되는 상황은 매우 반가운 소식이었다. 그렇지만 고금리 고물가 긴축 환경 등 글로벌 투자자산 시장이 약세장을 보이며 2025년도 국내 가상자산 과세 시행 여부에 대한 관심과 고민이 많았을 것이다. 가상자산을 투자하는 다양한 이유가 많겠지만, 비과세이기 때문에 주식, 부동산 등 타 자산보다 매력도가 높았

국가 통화 별 비트코인 거래량

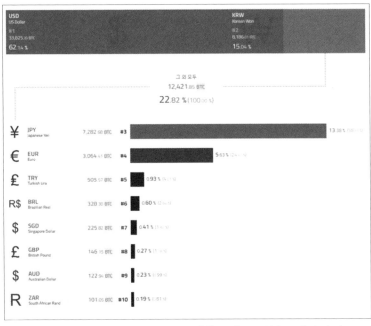

출처 https://www.coinhills.com/ko/market/currency/

던 상품이었다는 측면도 있기 때문이다.

따라서 예정대로 2025년에 가상자산 과세가 시행되었다면, 국내 개인 투자자들은 가상자산 과세 시행 이전에 투자 수익을 실현하여 과세를 피하려는 수요가 증가할 것으로 예상되었다. 하지만 2027년으로 2년간 유예가 되었기 때문에 그러한 수요는 사라진 것으로 해석되고 있다.

가상자산 과세가 시행되면 개인 투자자 입장에서 투자 수익률이 줄어드는 효과가 있기 때문에 투자자 수요가 줄어들 가능성도 있을 것이다. 그에 따라 어떠한 영향이 있을지 잘 살펴봐야 한다. 그렇지만 오히려 가상자산이 과세되는 시기를 고려하면 가상자산 관련 보호법, 업권법이 제정된 이후일 것이기 때문에 오히려 제도화로 인한 기업, 금융기관 등 새로운 투자자의 수요가 더 증가할 긍정적인 요인도 있다.

따라서 과세가 시행된 이후에도 개인투자자들은 가상자산 투자를 지속할 것인가에 대한 문제는 개인투자자 본인들의 몫이지만, 필자는 가상자산 과세로 인해 이탈하는 투자자 수는 미비할 것이라고 판단한다.

글로벌 기업과 국가들이
비트코인을 채택하는 이유

과거를 돌이켜보면 2017년 대세 상승장을 이끈 주역은 개인투자자였다. 그렇지만 '2024년 현재, 대세 상승장을 이끌 수 있는 주역이 개인투자자일까?'라고 질문하면, '그렇지 않다'에 의견이 많이 실릴 것이다. 왜냐하면 2024년 1월 미국에서 비트코인 현물 ETF가 승인되면서 기업, 금융기관, 전문 투자자, 기관투자자, 국가 등 큰손들의 움직임이 더욱 활발해질 것으로 예상되기 때문이다.

미국의 비트코인 현물 ETF 출시에 대해서 독자들은 어떻게 체감할지 모르겠으나, 이는 시장에 시사하는 바가 크다. 세계 1위 국가이자 금융시장을 선도하는 월스트리트에서 비트코인을 정식 자산으로 수용한 것은 가상자산 시장의 구조, 판도 자체를 바꾼 것이기 때문이다. ETF를 통해 미국 제도권이 인정한 정식 자산으로 편입되었고, 기관의 거대한 수요가 몰려들 수 있는 기초를 형성한 것이다.

과거 비트코인에 대해 부정적인 전망을 내놓았던 JP모건, 모건스탠리, 뱅가드, 골드만삭스, 시타델 등 전통 금융기관들이 비트코인 ETF를 출시하거나, 지정참여회사AP, Authorized Participant로 참여 또는 가상자산 거래소에 지분 투자하며 새로운 시장에서 그들의 먹거리를 찾아 나서고 있다. 이러한 움직임만 살펴보아도 시장의 큰 흐름을 알게 된다.

금융기관들은 비트코인의 장밋빛 미래를 보고 투자하거나, 시장에 참여하였다고 볼 수 있지만, 그뿐만 아니라 비트코인이라는 자산을 활용하여 그들의 새로운 수익 창출 수단으로 활용하는 것일 수도 있다. 그렇지만 후자의 목적으로 비트코인을 활용한다고 해서 부정적인 것은 아니다. 새로운 수단으로 활용하더라도 그 만큼의 수요가 창출되는 것이기 때문이다. 결국 이러한 기관투자자의 유입은 과거 비트코인은 투기성, 사행성 자산이라는 오해를 벗어나 중·장기적으로 상승할 수 있는 기반을 닦고, 자산으로서의 입지를 더욱 굳건하게 만든 것이다.

특히 미국의 비즈니스 솔루션 제공업체이자 비트코인 최다 보유 상장사인 마이크로스트래티지는 비트코인에 대하여 상당히 우호적인 회사이다. 2020년부터 비트코인을 정기적으로 매입하고 있으며, 지속적으로 전환사채를 발행하여 자본을 조달하며 비트코인을 매입하고 있다. 2024년 12월 현재, 그들이 보유한 비트코인은 33만 개(매입원가 165억 달러, 평가금액 310억 달러), 평균단가로 비트코인 총 공급량 대비 1.57%로 상장 기업 중 독보적인 지위를 유지하고 있다. 그들은 단순히 기업 자산을 비트코인으로 보유하고 있는 회사가 아니라, 비트코인 자본 시장을 개척하고 있는 회사로 정평이 날만하다.

상장회사 비트코인 보유량

Public Companies that Own Bitcoin

Entity	Country	Symbol:Exchange	Filings & Sources	# of BTC	Value Today	% of 21m
MicroStrategy	🇺🇸	MSTR:NADQ	Filing | News	331,200	$31,230,215,856	1.577%
Marathon Digital Holdings Inc	🇺🇸	MARA:NADQ	Filing | News	25,945	$2,446,461,202	0.124%
Riot Platforms, Inc.	🇺🇸	RIOT:NADQ	Filing | News	10,019	$944,732,888	0.048%
Tesla, Inc	🇺🇸	TSLA:NADQ	Filing | News	9,720	$916,538,943	0.046%
Hut 8 Corp	🇨🇦	HUT:NASDAQ	Filing | News	9,109	$858,925,230	0.043%
Coinbase Global, Inc.	🇺🇸	COIN:NADQ	Filing | News	9,000	$848,647,170	0.043%
CleanSpark Inc	🇺🇸	CLSK:NASDAQ	Filing | News	8,701	$820,453,225	0.041%
Block, Inc.	🇺🇸	SQ:NYSE	Filing | News	8,211	$774,249,101	0.039%
Galaxy Digital Holdings	🇺🇸	BRPHF:OTCMKTS	Filing | News	8,100	$763,782,453	0.039%
Bitcoin Group SE	🇩🇪	BTGGF:TCMKTS	Filing | News	3,830	$361,146,517	0.018%
HIVE Digital Technologies	🇨🇦	HIVE:NASDAQ	Filing | News	2,377	$224,137,147	0.011%
Voyager Digital LTD	🇨🇦	VOYG:TSX	Filing | News	2,287	$215,650,675	0.011%
Cipher Mining	🇺🇸	CIFR:NASDAQ	Filing | News	2,142	$201,978,026	0.01%
NEXON Co. Ltd	●	NEXOF:OTCMKTS	Filing | News	1,717	$161,903,021	0.008%
Exodus Movement Inc	🇺🇸	EXOD:OTCMKTS	Filing | News	1,300	$122,582,369	0.006%
Semler Scientific	🇺🇸	SMLR:NASDAQ	Filing | News	1,273	$120,036,427	0.006%
Brooker Group's BROOK (BKK)	═	BROOK:BKK	Filing | News	1,150	$108,438,249	0.005%
Metaplanet Inc.	●	3350.T:TYO	Filing | News	1,142.2	$107,702,755	0.005%

출처 https://bitcointreasuries.com/#public

2024년 5월, 비트코인 현물 ETF에 투자한 기업들 명단이 공개되었다. 1억 달러 이상의 자금을 운용하는 미국 금융기관은 5월 15일까지 증권거래위원회에 1분기 기준 증권 보유 내역을 제출하여야 하는데, 이를 통해 비트코인 ETF에 투자한 기업이 누구인지 확인할 수 있는 계기가 되었다.

비트코인 ETF 전문 뉴스레터 플랫폼 플로우 스테이트의 보고서에 따르면, 2024년 1분기 기준 비트코인 현물 ETF를 보유한 상위 10대 기관이 45억 달러(한화 6조 원) 이상의 비트코인 현물 ETF를 보유하였고, 글로벌 자산운용사 밀레니엄 매니지먼트, 미국 투자회사 서스퀘하나 인터내셔널 그룹, 미국 자산운용사 브레이스브릿지 캐피털, 미국 헤지펀드 부스베이펀드 매니지먼트, 모건스탠리, 아크인베스트, 아리스테이아 캐피털, 위스콘신 투자위원회, 에이치비케이 인베스트먼트, 그레이엄 캐피털이 이름을 올렸다. 그중 밀레니엄 매니지먼트가 18억 달러로 1위, 그레이엄캐피털이 9,375만 달러로 10위를 기록하였다.

가상자산 전문 리서치업체 K33 보고서에 따르면, 2024년 1분기 기준 비트코인 현물 ETF에 투자한 기업은 최소 937곳으로 집계되었고, 금 ETF에 투자한 기업(전문투자자)은 95곳에 불과한 것으로 나타났다. 아울러 기업(전문투자자)은 비트코인 현물 ETF 전체 운용자산(AUM, Asset Under Management)의 18.7%에 해당하는 물량을 보유하고 있는 것으로 분석되었다. 이는 아직까지 대부분의 비트코인 현물 ETF는 개인투자자의 보유 비중이 기관투자자 보다 높다는 것을 알 수 있으며, 앞으로 기관투자자의 영향력이 더욱 커질 수 있다는 방증이 되기도 한다.

2024년 11월, 국가 또는 정부가 보유한 비트코인 현황을 정리하면 다음과 같다. 미국 20.7만 개, 중국 19.4만 개, 영국 6.1만 개, 우크라이나 4.6만 개, 부탄 1.3만 개, 엘살바도르 5,748개, 핀란드 1,981개 등 전세계 국가들이 소유한 비트코인도 53만 개에 이르며, 이는 비트코인 총 공급량 대비 2.5% 수준이다.

국가별 비트코인 보유량

Countries & Governments that Own Bitcoin

Entity	Country	Filings & Sources	# of BTC	Value Today	% of 21m
USA		News	207,189	$19,536,706,500	0.987%
China		News	194,000	$18,293,061,220	0.924%
UK		News	61,000	$5,751,941,930	0.29%
Ukraine (govt)		News	46,351	$4,370,627,219	0.221%
Royal Government of Bhutan		News	13,029	$1,228,558,219	0.062%
El Salvador		Filing | News	5,748.8	$542,078,094	0.027%
Finland		News	1,981	$186,796,671	0.009%
Georgia (govt)		News	66	$6,223,412	0.0%
Germany (govt)		News	0.0	$0	0.0%
		Totals:	529,365	$49,915,990,138	2.521%

출처 https://treasuries.bitbo.io/#countries

비트코인을 투자처이자 가치저장 수단 혹은 인플레이션 시대의 헷징 수단으로 보유하고 있는 국가는 대표적으로 엘살바도르이다. 엘살바도르는 2021년 9월, 나이브 부켈레Nayib Bukele 대통령이 비트코인을 공식 화폐로 지정하였고, 이후 비트코인을 주기적으로 매수하였으며, 2022년 11월부터는 1일 1비트코인을 매집하면서 지속적으로 모아가고 있다.

그리고 수력 발전의 잉여전력을 활용하여 비트코인을 채굴하는 부탄과 같은 나라도 있으며, 앞으로 더 많은 국가들이 비트코인을 전략 자산으로 보유할 가능성이 높아지고 있다. 수리남의 대선 후보 마야 파보에 Maya Parbhoe는 비트코인을 공식 화폐로 채택하여 인플레이션에 대비하겠다는 공약을 내세웠고, 브라질은 국가의 준비금 중 최대 5%를 비트코인으로 보유하자는 법안이 발의되어 검토 중인 단계이다.

아직까지 대부분의 국가가 보유하고 있는 비트코인은 범죄에 사용 또는 연루된 비트코인을 몰수하여 보유하고 있는 곳이 더 많지만, 다양한 이유에 의해서 비트코인에 대한 수요는 더 커질 것으로 예상된다.

2024년 6~8월 기간동안 독일 정부가 보유하고 있는 비트코인 물량을 매도하면서 비트코인 가격이 하락하기도 하였는데, 그 물량이 5만 개정도로 적지 않은 수량이었다 보니 시장이 단기적으로 움직였다. 그렇지만 이는 단기적인 악재에 불과하였고, 독일의 매도 후 손바뀜을 통해 가격은 반등하며 상승세를 지속 유지하고 있다.

아직까지는 많은 국가 또는 정부가 비트코인을 보유하고 있지는 않지만, 미국 비트코인 ETF의 도입을 통해 세계 글로벌 금융 시장의 흐름을 읽고 있는 국가 또는 정부라면, 헷징 수단으로써 또는 가치저장 수단이자 자산으로써 비트코인을 보유하고자 하는 수요가 더욱 많아질 것이라고 판단한다.

단기적으로 비트코인 가격은 다양한 뉴스와 이벤트로 인하여 아래로 위로 흔들릴 수 있으나, 중·장기적으로는 글로벌 기업, 금융기관, 국가들의 채택이 지속적으로 증가하면서 가격을 형성할 것이라고 예상한다. 다음 장에서는 프롤로그에 언급하였듯이 비트코인이 과연 10억 원까지 갈 수 있을지 혹은 이는 단지 꿈에 불과할지에 관한 고민을 조금 더 압축적으로 요약해 보겠다.

비트코인이
10억 원 갈 수 있는 까닭

간단하게 수요와 공급의 법칙만 살펴봐도 비트코인의 큰 흐름은 어떻게 될지 불 보듯 뻔한 흐름이라고 생각한다. 비트코인 총 발행량은 2,100만 개로 공급은 제한되어 있으나, 앞서 설명하였듯이 수요는 지속적으로 상승하고 있으며, 그 주체도 점차 확장되고 있다.

2024년 가상자산 시장에서 화두가 되고 있는 미국의 비트코인 현물 ETF 유입현황을 보면 다음과 같다. 파사이드 인베스터Farside Investor에서 비트코인 현물 ETF 유입량을 데이터화하고 있는데, 2024년 11월 19일까지 블랙록은 약 296억 달러(41.4조 원) 가량을 매수하였으며, 전체 현물 ETF 유입량과 기존 그레이스케일이 보유한 비트코인 신탁상품 GBTC 유출량을 합했을 때에도 약 285억 달러(39.8조 원)가 순유입되었다.

비트코인 ETF 유입 현황

	Blackrock	Fidelity	Bitwise	Ark	Invesco	Franklin	Valkyrie	Vaneck	Wtree	Grayscale	Grayscale	Total
	IBIT	FBTC	BITB	ARKB	BTCO	EZBC	BRRR	HODL	BTCW	GBTC	BTC	
Fee	0.25%	0.25%	0.20%	0.21%	0.25%	0.19%	0.25%	0.20%	0.25%	1.50%	0.15%	
01 Nov 2024	0.0	(25.6)	(5.6)	(24.1)	0.0	0.0	(1.7)	(5.9)	0.0	(5.5)	13.5	(54.9)
04 Nov 2024	38.4	(169.6)	(79.8)	(138.3)	0.0	(17.6)	(5.7)	(15.3)	0.0	(63.7)	(89.5)	(541.1)
05 Nov 2024	(44.2)	(68.2)	19.3	(12.5)	0.0	(6.0)	(1.3)	(3.9)	0.0	0.0	0.0	(116.8)
06 Nov 2024	(69.1)	308.8	100.9	127.0	0.0	0.0	(2.6)	17.2	0.0	30.9	108.8	621.9
07 Nov 2024	1,119.9	190.9	13.4	17.6	0.0	0.0	0.0	4.3	0.0	7.3	20.4	1,373.8
08 Nov 2024	206.1	33.5	23.0	0.0	0.0	17.8	0.0	13.0	0.0	0.0	0.0	293.4
11 Nov 2024	756.5	135.1	42.7	108.6	8.7	10.1	0.0	0.0	0.0	24.2	28.2	1,114.1
12 Nov 2024	778.3	37.2	0.0	(5.4)	0.0	0.0	0.0	10.1	0.0	(17.8)	15.1	817.5
13 Nov 2024	230.8	186.1	12.3	14.5	0.0	0.0	0.0	5.1	0.0	0.0	61.3	510.1
14 Nov 2024	126.5	(179.2)	(113.9)	(161.7)	0.0	0.0	0.0	2.5	0.0	(69.6)	(5.3)	(400.7)
15 Nov 2024	0.0	(175.1)	(7.4)	(108.6)	0.0	0.0	(1.7)	(7.7)	0.0	(22.5)	(47.0)	(370.0)
18 Nov 2024	89.3	60.0	24.4	13.2	0.0	0.0	0.0	7.7	0.0	5.8	54.4	254.8
19 Nov 2024	216.1	256.1	52.8	267.3	0.0	0.0	0.0	7.9	0.0	16.2	-	816.4
20 Nov 2024	-	-	-	-	-	-	-	-	-	-	-	0.0
Total	29,585	11,081	2,355	2,739	427	446	535	751	217	(20,251)	649	28,533
Average	136.3	51.1	10.9	12.6	2.0	2.1	2.5	3.5	1.0	(93.3)	3.0	131.5
Maximum	1,119.9	473.4	237.9	267.3	63.4	60.9	43.4	118.8	118.5	63.0	191.1	1,373.8
Minimum	(69.1)	(191.1)	(113.9)	(161.7)	(37.5)	(23.0)	(20.2)	(38.4)	(6.2)	(642.5)	(89.5)	(563.7)

출처 "https://farside.co.uk/?p=997" Bitcoin ETF Flow - Farside Investors

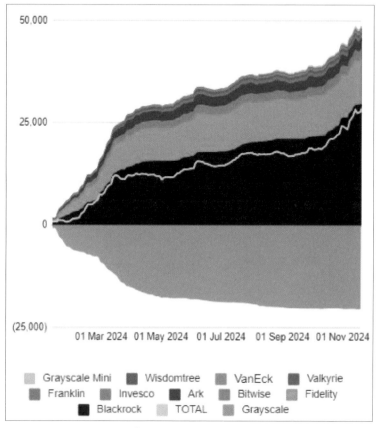

비트코인 ETF 유입 현황

출처 "https://farside.co.uk/?p=997" Bitcoin ETF Flow - Farside Investors

블랙록은 전세계 1위 자산운용사로 운용자산이 무려 10조 달러(1경 3,973조 원)이다. 현재 비트코인 매수금액 41.4조 원은 전체 운용자산의 0.29% 수준으로 매우 미비하다. 2024년 1월부터 시작된 블랙록의 움직임은 이제 막 11개월 밖에 되지 않았다.

비트코인 ETF출시를 통해 정식 자산으로 인정한 그들은 중·장기적으로 적어도 운용자산의 1%에서 많으면 3% 정도의 포지션을 비트코인에 포함한 가상자산에 투자할 것으로 기대된다. 10조 달러의 1%는 139조 원, 3%는 417조 원 정도이다. 현재 비트코인의 시총이 2,523조 원인 점을 고려하면 엄청난 수치임을 알 수 있다.

좀 더 자세히 살펴보면, 블랙록은 비트코인을 약 47.2만 개 보유했고, 이는 비트코인 총 공급량 2,100만 개 중의 2.2%에 해당하는 수치이다. 세계 최대의 자산운용사라면 2.2%에 그치지 않을 것으로 판단되고, 글로벌 세계 1위 자산운용사가 움직이면 2위, 3위 자산운용사도 움직이고 그 이외의 자산운용사, 글로벌 투자은행, 기업 및 개인들의 움직임이 따라서 가속화될 확률은 높다고 판단된다.

앞서 언급한 ETF의 흐름뿐만 아니라 전 세계 경제 흐름은 현재 금리 인하기에 접어들어 있다. 이는 유동성이 더욱 풍부해진다는 뜻이고, 금리가 충분히 인하되고 금리 안정기에 접어든다면 위험 자산의 매력도는 더욱 높아질 것이다. 동시에 미국, 중국 등 글로벌 상업용 부동산 위기에 따라 추가 유동성이 공급되면, 유동성 효과는 더욱 커지고 그에 따른 비트코인 가격 상승을 불러올 수 있는 확률이 높아진다.

앞서 언급하였지만 반에크 뿐만 아니라 메사리, 스탠다드차타드, 비트와이즈 등 다양한 기관들의 2024년도 비트코인 가격 예측 평균 가격은

비트코인 ETF 보유 현황

Entity	Country	Symbol:Exchange	Filings & Sources	# of BTC	Value Today	% of 21m
iShares Bitcoin Trust (Blackrock)	🇺🇸	IBIT:NASDAQ	Filing | News	472,306.9	$44,535,768,228	2.249%
Grayscale Bitcoin Trust	🇺🇸	GBTC:NYSE	Filing | News	218,196.8	$20,574,677,424	1.039%
Fidelity Wise Origin Bitcoin Fund	🇺🇸	FBTC:CBOE	Filing | News	191,325.6	$18,040,880,998	0.911%
CoinShares / XBT Provider	🇸🇪	XBTE:NADQ	Filing | News	48,466	$4,570,059,304	0.231%
ARK 21Shares Bitcoin ETF	🇺🇸	ARKB:CBOE	Filing | News	46,828.3	$4,415,633,807	0.223%
Bitwise Bitcoin ETF	🇺🇸	BITB:NYSE	Filing | News	41,787.3	$3,940,297,098	0.199%
Grayscale Bitcoin Mini Trust	🇺🇸	BTC:NYSE	Filing | News	35,803.3	$3,376,041,024	0.17%
Purpose Bitcoin ETF	🇨🇦	BTCC:TSX	Filing | News	25,284	$2,384,132,782	0.12%
3iQ CoinShares Bitcoin ETF	🇨🇦	BTCQ:TSX	Filing | News	21,237	$2,002,524,438	0.101%
ETC Group Bitcoin ETP	🇩🇪	BTCE:XETRA	Filing | News	17,976	$1,695,031,280	0.086%
Vaneck Bitcoin Trust	🇺🇸	HODL:CBOE	Filing | News	13,151.2	$1,240,080,962	0.063%
3iQ The Coin Fund	🇨🇦	QBTC.B:TSX	Filing | News	13,000	$1,225,823,690	0.062%
Bitwise 10 Crypto Index Fund	🇺🇸	BITW:OTCMKTS	Filing | News	10,784	$1,016,867,897	0.051%
Valkyrie Bitcoin Fund	🇺🇸	BRRR:NASDAQ	Filing | News	9,181.9	$865,799,272	0.044%
Hashdex Nasdaq Crypto Index ETF.	🇧🇷	HASH11:BVMF	Filing | News	8,832	$832,805,756	0.042%
Franklin Bitcoin ETF	🇺🇸	EZBC:CBOE	Filing | News	7,421.6	$699,813,315	0.035%
Invesco Galaxy Bitcoin ETF	🇺🇸	BTCO:CBOE	Filing | News	7,282.2	$686,668,713	0.035%
21Shares AG	🇨🇭	ABTC:SWX	Filing | News	6,142	$579,154,546	0.029%
Grayscale Digital Large Cap Fund	🇺🇸	GDLC:OTCMKTS	Filing | News	5,990.3	$564,850,126	0.029%
VanEck Vectors Bitcoin ETN	🇩🇪	VBTC:XETRA	Filing | News	3,943	$371,801,754	0.019%
WisdomTree Bitcoin Fund	🇺🇸	BTCW:CBOE	Filing | News	3,746	$353,225,810	0.018%
CI Galaxy Bitcoin Fund	🇨🇦	BTCX:TSX	Filing | News	3,248	$306,267,334	0.015%
Fidelity Advantage Bitcoin ETF	🇨🇦	FBTC.CA:TSE	Filing | News	3,018.7	$284,645,690	0.014%
Osprey Bitcoin Trust	🇺🇸	OBTC:OTC	Filing | News	2,820	$265,909,446	0.013%
Valour Bitcoin Zero ETP	🇨🇦	BTCDE.AS:OTC	News	2,000	$188,588,260	0.01%
Evolve Bitcoin ETF	🇨🇦	EBIT:TSX	Filing | News	1,663	$156,811,138	0.008%
QR Assets	🇧🇷	QBTC11:BVMF	Filing | News	727	$68,551,832	0.003%
Hashdex Bitcoin ETF	🇺🇸	DEFI:NYSE	Filing | News	148	$13,955,531	0.001%
			Totals:	1,222,310	$115,256,665,593	5.821%

출처 https://bitcointreasuries.com/#etfs

18.3만 달러(2.4억 원)이었고, 2024년 12월 현재, 금의 시총은 17.7조 달러(2경 4,000조 원), 비트코인은 시총 2,523조 원인데, 비트코인의 시총 목

표는 금 시총의 절반인 8.99조 달러(1경 2,000조 원)로 현재 비트코인 가격 1.27억 원 보다 4.75배가 상승하여, 비트코인 한 개의 가격은 무려 6억 원이 될 것이다.

반감기 사이클에 입각하여 추정한다면, 이번 반감기 시점 가격 9,400만 원 대비 3~5배 상승을 가정하면 이번 사이클에서는 2.8억 원에서 4.7억 원 수준의 가격을 형성할 것이다. 이후 다섯 번째 반감기, 여섯 번째 반감기 등을 지내며 가격 하락과 상승을 동반하며 변동성을 가져오겠지만, 중·장기적으로 우상향할 가능성이 우하향할 가능성보다는 크다고 여겨진다. 아래 표는 우상향을 근거하여 긍정적으로 가정한 수치이니 참고만 하길 바란다.

순 반감기 반감기 시점 가격 반감기 이후 최고 가격 시점(기간) 반감기 이후 최고 가격(상승률)

순서	반감기	반감기 시점 가격	반감기 이후 최고 가격 시점(기간)	반감기 이후 최고 가격(상승률)
1	2012년 11월 30일	1만 원	2013년 11월 30일(365일)	122만 원(122배)
2	2016년 7월 31일	77만 원	2017년 12월 17일(504일)	2,120만 원(28배)
3	2020년 5월 30일	1,170만 원	2021년 4월 14일(319일)	8,040만 원(7배)
4	2024년 4월 20일	9,480만5천 원	2025년 5월(예상)	2.8~4.7억 원(3~5배)
5	2028년(추정)	3.7억 원	2029년(예상)	7.4~11.1억 원(2~3배)
6	2032년(추정)	11.4억 원	2033년(예상)	17.1~22.8억 원(1.5~2배)

반감기에 따른 비트코인 가격 추정

네덜란드 출신 유명 가상자산 애널리스트 플랜비PlanB가가 고안한 S2F
모델에 따르면, 2024년 9월 비트코인은 10만 달러(1.38억 원), 2028년 4월에
47만 달러(6.5억 원)에 도달할 것으로 예측한 바 있다.

비트코인 S2F 모델, Stock To Flow Model

출처 "https://www.lookintobitcoin.com/charts/stock-to-flow-model/" Stock-to-Flow Model | LookIntoBitcoin

재미난 점은 비트코인이 화폐가 되는 과정을 거치고 있다는 것이다.
코빗리서치 보고서에 따르면 화폐현상이란 특정 물건이 가치 저장수단,
교환 매개, 회계 단위를 하나씩 차례대로 습득해 가는 과정인데 비트코인
은 현재 가치저장 수단으로 수용되는 단계를 거치고 있다는 점이다.

다음 페이지의 그래프는 19세기 영국 경제학자 윌리엄 스탠리 제본스
William Stanley Jevons, 1835~1882가 설명한 내용인데 "역사적으로 금처럼 귀하게

여겨지는 물건들은 첫 번째로 소장품, 두 번째로 가치저장 수단, 세 번째로 교환 매개 수단이며 마지막으로 회계 단위로서 역할을 수행했다"는 것을 보여준다. 현재 비트코인은 이 중 두 번째 단계인 가치저장 수단으로 수용되는 단계를 거치고 있으며, 부를 보관하는 자산으로서의 역할을 수행하고 있다고 이해하면 좋을 것이다.

비트코인 현물 ETF 상장은 가치저장 수단으로서의 저변을 전통 금융권까지 포섭하기 때문에 현재까지와 차원이 다른 수준의 이벤트이며, 이에 힘입어 2024년 국가의 비트코인 수용, 스테이블코인의 성장을 통해 가상자산 시총은 더욱 커질 것이라고 예상하였다.

화폐가 되는 과정

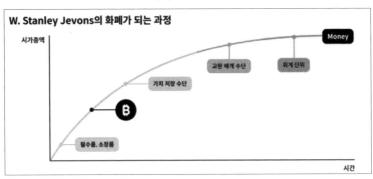

출처 https://www.korbit.co.kr/market/research/81

이렇듯 다양한 측면에서 비트코인 가격 전망과 흐름을 살펴보았고, 그 흐름의 대부분은 중·장기적으로 상승할 것이라는 확률이 높았다. 물론 비트코인 자체의 문제 혹은 전쟁, 코로나19와 같은 전염병 등 우리가 예측할 수 없는 시장 위험에 따라 비트코인을 포함한 가상자산의 가격이 급락할 가능성이 있는 것도 사실이며, 비트코인을 제외한 알트코인의 경우 프로젝트 또는 사업과 관련된 영업 위험이나 운영위험이 존재하는 것도 엄연한 사실이다.

가상자산뿐만 아니라 주식, 부동산 등 투자를 실행하는 경우 가장 중요한 것은 두 유어 오운 리서치DYOR, Do Your Own Research, 스스로 조사하라이다. 이는 투자자가 투자하려는 상품 또는 자산에 대하여 본인 자신만의 리서치를 수행하여 분석하고, 다른 이들에게 의존해서는 안 된다는 의미다. 남들의 의견을 듣고 판단하고 분석하는 것도 물론 중요하지만, 투자라는 것은 숫자로 나타나는 것이기 때문에 본인의 책임이자 권한이자 본인의 몫이다. 모든 투자 성과의 기쁨과 슬픔은 본인 스스로 감당해야 하는 것이기 때문이다.

가상자산 시장에서
성공적인 투자를 위해 가장 중요한 덕목

2023년 1월, 비트코인은 2,100만 원에 시작해서 연말인 12월에 5,700만 원까지 오르며 170% 상승했다. 2023년 한 해 나스닥 43%, S&P 24%, 금 9% 상승한 것에 비하면 엄청난 퍼포먼스를 보여주었다. 몇 년 전까지만 해도 '비트코인은 사기다. 내재가치가 없다. 주식은 기업가치라는 것이 있는데, 비트코인은 없다'라는 이야기가 많았다. 그렇지만 현재 비트코인 ETF가 승인되며 제도권 내로 편입되고 있고, 엘살바도르, 온두라스 경제특구, 중앙아프리카공화국 등에서 비트코인 법정화폐 도입이 진행되며 국가적인 채택도 증가하고 있다.

그렇다면 가상자산 시장에서 성공적인 투자를 위해 가장 중요한 덕목은 무엇일까? 거시경제 파악, 투자 전문가 의견청취, 백서 공부, 투자자 파악 등 다양한 방법론이 있을 수 있다. 그중 가장 중요한 것은 바로 '시장에서 살아남고 트렌드를 꾸준히 파악하고 대응하는 것'이다.

시장에 살아남기 위해서는 리스크 관리가 중요하며 사이클 투자, 포트폴리오 투자 전략을 통해 그 확률을 높일 수 있다. 트렌드를 파악하고 내러티브는 시장에 참여하든 그러지 않든, 투자 시장에 관심을 가지고 팔로우하는 습관과 꾸준함이 필요하다.

가상자산 시장을 포함한 자산 시장은 호황기, 후퇴기, 불경기, 회복기 사이클이 있기 마련이다. 사이클 속에서 트렌드를 잘 파악하고 대응한다면 돈을 벌 기회는 무궁무진하기 때문이다. 비트코인은 2013년, 2017년, 2021년 호황기를 거쳤고, 이후 후퇴기, 불경기와 회복기도 거쳤다. 2024년 12월 현재, 가상자산 시장은 회복기에 가깝고, 2025년은 호황기가 펼쳐질 확률이 높다.

엘빈 토플러Alvin Toffler는 변화하는 세상에서 그 변화에 대응하는 속도의 차이를 자동차에 비교했으며, 기업이 시속 100마일로 달려간다면, 법규는 시속 1마일이라고 언급했다. 비트코인과 비트코인의 제도권 도입 또한 비슷한 속도로 달려간다고 볼 수 있다. 비트코인은 2008년 처음 세상에 등장하였지만, 2024년 세계 1위 국가인 미국이 비트코인 현물 ETF로 인정하기까지 15년이라는 시간이 걸렸기 때문이다. 규제와 제도화는 기술 개발 속도 보다 뒤처질 수밖에 없는 것은 당연한 사실이다.

1973년, 빈트 서프Vinton Gray Cerf와 밥 칸Bob Kahn이 TCP | IP를 정립한 이후 1990년대 말 인터넷이 본격적으로 실생활에 쓰일 때까지 약 25년의 세월이 걸렸다. 세상에 태어난 지 이제 15년 된 비트코인은 지난 20년간 무섭게 성장해 온 인터넷 산업보다 더욱 빠르게 우리 실생활에 침투해 들어올 수 있다. 그러므로 미리 공부하고 대비하지 않는다면, 우리는 닷컴 버블 이후 20년 만에 온 기회를 놓치고 있는 것일지도 모른다.

비트코인이 1억 원을 뚫고 10억 원까지 도달하기까지 과연 몇 년이 걸릴까? 감히 예측할 순 없지만, 과거의 사이클이 유사하게 반복된다면 아마도 향후 2~3번의 반감기를 지낸 이후 비트코인 가격이 10억 원이 되어 있을 것이다. 우리는 비트코인을 포함한 다양한 자산에 투자하면서 시장의 사이클을 분석하고 이해하는 것과 동시에 규제화 및 제도화 이전에 가치를 먼저 인지하고 준비하여 투자한다면 더욱 높은 수익을 통해 밝은 미래를 맞이할 수 있을 것이다. 독자분들이 성공적이고도 건강한 투자를 하시길 기원한다.

투자자라면 알고 있어야 할
인간의 심리적 오류 10가지

1. 생존자 편향의 오류Suvivorship Bias

어떤 문제를 진단할 때, 이미 특정 기준으로 거른 일부의 데이터만으로 판단하여 잘못된 결론을 얻게 되는 논리적 실수를 가리키는 말이다.

2. 소박한 현실주의Naïve Realism

자신이 세상을 객관적으로 바라본다고 생각하는 경향을 말한다. 본인은 있는 그대로 세상을 보고 있기 때문에, 주관적 경험과 객관적 현실 사이에 어떠한 왜곡도 없다고 생각하며, 오히려 자신과 다르게 세상을 바라보는 사람들을 이상하게 여기는 것이다.

3. 더닝 크루거 효과Dunning Kruger Efeect

능력이 없는 사람이 잘못된 결정을 내려 부정적인 결과가 나와도 능력
이 없기 때문에 스스로의 오류를 알지 못하는 현상으로, 심리학 이론의 인
지편향 중 하나다. 이 이론에 따르면 능력이 없는 사람은 자신의 실력을
실제보다 높게 평가하는 반면 능력이 있는 사람은 오히려 자신의 실력을
과소평가한다. 능력이 없는 사람은 타인의 능력을 알아보지 못하며, 자신
의 능력 부족으로 발생한 결과를 알지 못한다. 이들은 훈련을 통해 능력이
향상된 후에야 이전의 능력 부족을 깨닫고 인정하는 경향을 보인다.

4. 손실회피 성향Loss Aversion

사람들이 손실을 줄이는데 집중하는 경향을 뜻한다. 사람들이 같은 폭
의 이득과 손실이 발생할 수 있을 때 손실에서 더 큰 고통을 느끼기 때문에
손실을 줄이는 선택을 한다는 것이다. 투자자들은 주식 투자에서 수익이
나는 상황에서는 금방 매도하여 수익을 실현하지만 매입가보다 현재 가격
이 낮은 손실 상황에서는 손절하지 못하고 지나치게 오래 보유하는 경향
이 있다. 이는 자신의 투자 실패를 확정하고 싶어 하지 않기 때문이다.

5. 확증 편향Confirmation Bias

원래 가지고 있는 생각이나 신념을 확인하려는 경향성이다. 흔히 하는 말로 '사람은 보고 싶은 것만 본다'와 같은 것이 바로 확증 편향이다. 확증 편향은 원하는 정보만 선택적으로 모으거나, 어떤 것을 설명하거나 주장할 때 편향된 방법을 동원한다. 예를 들어 비트코인을 산 투자자와 이더리움을 산 투자자가 각각 본인이 투자한 자산에 대해서 긍정적인 정보나 견해는 받아들이지만, 부정적인 정보는 무시하는 것이다.

6. 근본귀인 오류Fundamental Attribution Error

관찰자가 다른 이들의 행동을 설명할 때 상황적 요인들의 영향은 과소 평가하고, 행위자의 내적, 기질적 요인들을 과대평가하는 경향을 말한다. 개인적 요인뿐만 아니라 상황적 요인도 모두 고려되어야 하지만, 사건의 원인을 오로지 개인적인 요인 탓으로만 돌리려는 오류이다.

7. 바더-마인호프 현상Baader-Meinhof Phenomenon

우리가 어떤 것에 처음으로 관심을 가지거나 인식하게 되면, 갑자기 그것이 더 자주 발생하는 것처럼 느껴지는 현상이다. 예를 들어 시계를 볼 때마다 12시 34분 등 특정한 숫자 조합을 자주 보게 되는 것이다. 하지만 실제로 그런 것은 아니며, 그저 그 숫자에 주의를 기울이기 때문에 더 자주 인식하게 된다.

8. 앵커링 효과Anchoring Effect

닻을 내린 배가 많이 움직이지 못하는 것처럼 최초에 제시된 숫자가 기준점 역할을 하여 합리적인 사고를 하지 못하고 이후의 판단에 영향을 주는 현상을 일컫는다. 예를 들어 기업이 배당금 지급 후 주가가 조정되는데, 이후 해당 기업 주가는 특별한 이유 없이 시장 평균치보다 더 크게 상승하는 현상이 자주 발생한다. 원칙적으로 기업이 주주에게 이익을 배당하면 기업 주가는 하락하는 것이 당연하지만, 사람들은 기존 주식 가격에 익숙해져 있어 조정된 주식을 '가격이 싸졌다'고 착각하여 투자하는 것이다.

9. 편승효과Bandwagon Effect

군중심리의 대표적인 현상이다. 대중적으로 유행하는 정보를 따라 상품을 구매하는 현상을 말한다. 투자자들은 본인의 투자 철학에 맞춰 투자하기보다 주변 분위기에 휩쓸려 투자하는 현상이 그렇다. '비트코인 가격이 많이 올랐다', '가상자산 ETF가 승인되었다'는 뉴스 등에 의해 투자하는 것과 FOMOFear Of Missing Out도 이에 해당한다.

10. 지식의 저주The Curse Of Knowledge

어떤 개인이 다른 사람들과 의사소통할 때 다른 사람도 이해할 수 있는 배경을 가지고 있다며 자신도 모르게 추측하여 발생하는 인식적 편견을 말한다. 많이 아는 것을 통해 판단을 왜곡하거나 잘못된 판단을 내리는 것도 지식의 저주라고 부른다. 수많은 잘못된 지식은 투자를 실천하는데 방해만 될 뿐이고, 지식에 대한 갈망만 일으키며, 투자를 하더라도 쏠림 현상으로 인하여 실패할 가능성이 높아진다. 지식은 정확하게 습득해야 하는 것으로 지식이 너무 많아 실패할 수 있다. 지식은 너무 얕아도 문제가 생기고 너무 깊어도 문제가 생긴다. 항상 겸손하고 신중하게 판단하고 상대방을 배려하여 결정을 내리는 것이 현명하다.

가상자산 용어 정리

용어	정의
크립토Crypto	본 뜻은 '암호'이지만, 가상자산, 코인을 의미
블록체인Blockchain	P2P방식으로 거래정보를 블록체인 네트워크에 연결된 여러 컴퓨터에 분산 저장, 보관하여 위변조를 방지하는 분산형 데이터저장 기술
비트코인Bitcoin	블록체인 기술을 기반으로 만들어진 가상자산으로 P2P 전자현금 은행과 같은 중개자를 신뢰할 필요 없이 블록체인 기술을 통해 사람이나 컴퓨터끼리 주고 받을 수 있는 새로운 형태의 디지털 통화
알트코인Altcoin	비트코인을 제외한 모든 가상자산. 이더리움, 리플, 솔라나 등 모든 코인을 의미함
불마켓Bull-Market	일명 '불장'이라고 표현하며, 자산 가격이 상승하거나 상승할 것으로 예상되는 강세장
베어마켓Bear-Market	자산 가격이 하락하거나 하락할 것으로 예상되는 약세장
분산원장기술DLT	중개자 없이 네트워크 상의 참가자 간에 거래 기록을 합의하고 유지 관리하는 기술
작업증명POW, Proof Of Work	비트코인의 채굴방식으로 암호화되어 풀기 어려운 문제를 가장 빨리 해결한 사람에게 블록을 생성할 수 있는 권한을 주고 그 보상으로 코인, 수수료를 제공하는 방식
지분증명POS, Proof Of Staking	보유하고 있는 가상자산의 양(지분)에 비례하여 블록을 생성할 수 있는 권리를 부여하는 방식
트랜잭션Transaction	블록체인 참여자 간 전송과 수신을 통해 저장되는 거래 기록
코인Coin	독립된 블록체인 네트워크인 메인넷을 소유하는 가상자산
토큰Token	독립된 메인넷 없이 다른 코인의 블록체인 네트워크를 기반으로 하는 가상자산
채굴Mining	복잡한 알고리즘 프로세스를 통해 블록체인 네트워크 상의 거래내역의 정확성을 증명하고 유효성을 검사하여 체인에 새로운 블록을 형성하는 과정. 거래가 발생할 때 장부에 입력하는 행위 대신 새로운 블록을 만드는 행위

중앙은행디지털화폐CBDC	중앙은행이 중앙은행 내 지급준비금 예치금이나 결제성 예금과 별도로 전자적 형태로 발행하는 화폐
해시Hash	블록체인을 구성하는 기본 기술. 데이터를 다루는 단방향 암호화 기법으로 해시함수를 이용해 고정된 길이의 암호화된 문자열로 변환하는 기술
해시레이트Hashrate	채굴 능력 측정에 쓰이는 지표로 코인 채굴 작업이 이뤄지는 속도를 의미. 네트워크의 모든 채굴자가 일정 기간 계산한 해시 수로 비트코인의 채굴 원가에 비례하는 지표. 일반적으로 해시레이트 상승은 연산량 증가를 유도하여 이는 결국 채굴량 증가와 채굴 난도 상승으로 이끌고, 결국 가격 상승을 불러옴
포크Fork	포크로 찍어서 옮긴다는 뜻에서 유래. 기존 블록체인 플랫폼의 기능을 추가하거나 성능을 개선하는 행위. 새로운 암호기술이나 합의 기법을 적용할 때 이전 블록체인과 구별하기 위한 것으로 기존 블록체인과의 호환성 유무에 따라 하드포크와 소프트포크로 구분됨
포모 Fomo, Fear of Missing Out	시장의 흐름에서 자신이 소외될 가능성에 대한 두려움을 뜻하는 말로, 일반적으로 시장이 빠르게 상승할 때 사지 못한 것에 대한 심리상태를 나타냄
퍼드 Fud, Fear, Uncertainty, Doubt	두려움, 불확실성, 의심의 약자이며, 허위 정보를 전략적으로 공개함으로써 대중에게 부정적 감정적 반응을 심고 인식을 왜곡하는 용어를 뜻함
호들HODL	시장과 상관없이 장기적으로 매수하고 보유하는 것을 의미함 2013년 비트코인 포럼 게시물에서 'I AM HODLING'이라는 오타에서 유래 (원래는 HOLDING)
온체인데이터On-Chain Data	모든 사람이 열람 가능한 블록체인 시스템에 관한 정보. 코인 수, 지갑 주소, 채굴자들에게 지급되는 수수료 등의 확인 가능 정보가 공동으로 기록되어 공개되기에 온체인데이터 상에서 거래 정보를 숨기거나 조작할 수 없어 이를 활용한 가격 및 펀더멘털 분석을 하기도 함

레거시Legacy	새로운 시스템과 구별해서 기존 시스템을 일컫는 컴퓨터 용어로 오랫동안 사용해왔지만, 지금은 노화되어 문제가 있는 시스템. 사회적으로 기득권과 관련된 용어로 사용되며, 전통 금융, 전통 자본을 주로 뜻함
웹 3.0Web 3.0	인터넷 이용자들의 데이터, 개인정보 등이 플랫폼에 종속되는 것이 아니라 개인이 소유하여 데이터에 대한 주권이 사용자에게 주어지는 형태의 인터넷. NFT, DAO, 디파이 등을 통해 진정한 소유가 가능해진 온라인을 의미
디파이Decentralized Finance	탈중앙화 된 금융시스템을 일컫는 말로, 정부나 기업 등 중앙기관 통제 없이 인터넷 연결만 가능하면 블록체인 기술로 다양한 금융 서비스를 제공하는 것을 뜻함. 자산토큰화, 스테이블코인, 탈중앙화 거래소 DEX 등이 대표적인 디파이 서비스 모델임
민팅Minting	블록체인 기술을 활용해 디지털 콘텐츠에 대해 대체불가능한 고유 자산 정보를 부여해 가치를 매기는 작업
DEXDecentralized Exchange	P2P 방식으로 운영되는 탈중앙화 된 분산형 가상자산 거래소
NFTNon-Fungible Token	대체불가능 토큰. 토큰마다 별도의 고유한 인식 값이 부여되어 대체 불가능한 특성을 지님
TVLTotal Valued Locked	디파이에 예치된 자산 규모의 총합을 의미함
DAO Decentralized Autonomous Organization	탈중앙화 자율조직으로 중앙집중 주체의 개입없이 개인들이 모여 자율적으로 제안과 투표 등의 의사표시를 통해 다수결로 의결하고 이를 통해 운용되는 조직
디앱DApp	이더리움 등 스마트계약 기능이 있는 플랫폼 블록체인 위에서 작동하는 탈중앙화 분산 애플리케이션
스마트계약Smart Contract	계약 당사자가 사전에 협의한 내용을 미리 프로그래밍해서 전자계약서 문서 안에 넣고, 이 계약 조건이 모두 충족되면 자동으로 계약 내용이 체결되도록 하는 서비스

유용한 사이트

비트인포차트	https://bitinfocharts.com/
비티씨닷컴	https://explorer.btc.com/en
버블맵스	https://app.bubblemaps.io/
코인게코	https://www.coingecko.com/
코인마켓캡	https://coinmarketcap.com/)
코인마켓칼	https://coinmarketcal.com/ko/
디파이라마	https://defillama.com/
루드데이타	https://www.rootdata.com/
크립토펀드레이징	https://crypto-fundraising.info/
크립토랭크	https://cryptorank.io/
토크노믹스허브	https://tokenomicshub.xyz/
코인다르	https://coindar.org/
포필러스	https://4pillars.io/ko
바이비트코인월드와이드	https://buybitcoinworldwide.com/treasuries/
체인브로커	https://chainbroker.io/projects/

피아트릭	https://fiatleak.com/
김프가	https://kimpga.com/
크립토버블	https://cryptobubbles.net/
플레이투언	https://playtoearn.net/blockchaingames
사이퍼헌터	https://www.cypherhunter.com/en/discover/
비트코인매거진프로	https://www.bitcoinmagazinepro.com/
코인코덱스	https://coincodex.com/
글래스노드	https://glassnode.com/
체인익스포즈드	https://chainexposed.com/index.html
크립토퀀트	https://cryptoquant.com/ko
더블록	https://www.theblock.co/data/crypto-markets/bitcoin-etf
파사이드	https://farside.co.uk/btc/#google_vignette"https://farside.co.uk/btc
코인글래스	https://www.coinglass.com/bitcoin-etf
비트코인트레져리	https://treasuries.bitbo.io/
비트코인펀드플로우	https://btcetffundflow.com/us

참고문헌

https://ecoinometrics.substack.com/p/ecoinometrics-diminishing-returns

https://fred.stlouisfed.org/series/QKRN368BIS

https://casebitcoin.com/

https://www.wsiyeon.com/blockchian-layer/

https://www.upbitcare.com/academy/research/157

https://www.finra.org/investors/insights/market-cap

https://ecoinometrics.substack.com/p/ecoinometrics-diminishing-returns

https://www.cmegroup.com/markets/interest-rates/cme-fedwatch-tool.html

https://www.news1.kr/photos/view/?6408182

https://www.tokenpost.kr/article-151753

https://8marketcap.com/

https://cdn.korbit.co.kr/athena/etc/research/5/korbit_research_5_2022-01-26.pdf

https://coinmarketcap.com/ko/currencies/bitcoin/

https://www.bitcoinsensus.com/ko/

https://kr.investing.com/economic-calendar/cpi-733

https://kr.investing.com/economic-calendar/initial-jobless-claims-294

https://alternative.me/crypto/fear-and-greed-index/

https://cryptoquant.com/ko

https://www.upbit.com/trends

https://kr.tradingview.com/

https://coinness.com/market/theme

https://coinmarketcal.com/

https://xangle.io/research

https://bitcoin.org/ko/faq#general

https://www.hankyung.com/article/202312287900i

https://www.etoday.co.kr/news/view/2120607

https://fred.stlouisfed.org/series/QKRN368BIS

https://www.wowtv.co.kr/NewsCenter/News/Read?articleId=A202102240121&t=NN

https://www.g2b.go.kr

https://www.jemin.com/news/articleView.html?idxno=716721

https://www.joongang.co.kr/article/25223201#home

https://it.chosun.com/news/articleView.html?idxno=2023092108268

https://www.bithumb.com/react/

https://www.mk.co.kr/news/it/10182047

https://www.skymavis.com/

https://www.itemmania.com

https://game.mobileindex.com/chart/day

https://magazine.hankyung.com/business/article/202402082870b

https://xangle.io/research/detail/812

https://www.blockmedia.co.kr/archives/575112

https://www.korbit.co.kr/market/research/81

https://bitcointreasuries.com/#public

https://bitcointreasuries.com/#countries

https://bitcointreasuries.com/#etf

https://www.lookintobitcoin.com/charts/stock-to-flow-model/

비트코인 10억 간다

1판 1쇄 펴낸 날 2024년 12월 23일

지은이 표상록·윤형환
펴낸이 유지은
펴낸 곳 옐로우바스켓

책임편집 서혜원
디자인 BIGWAVE

팩스 02-6020-8533
전자우편 yellowbasket1010@naver.com

ISBN 979-11-990298-0-4 03320